ZHUANLIFA YANJIU

专利法研究

2016

国家知识产权局条法司　编

知识产权出版社
全国百佳图书出版单位

图书在版编目（CIP）数据

专利法研究．2016/国家知识产权局条法司编．—北京：知识产权出版社，2019.2

ISBN 978-7-5130-6055-4

Ⅰ.①专… Ⅱ.①国… Ⅲ.①专利权法—研究—2016—年刊 Ⅳ.①D913.04-54

中国版本图书馆 CIP 数据核字（2019）第 011596 号

内容提要

本书分 5 个专题，即专利权的保护与限制、药品专利、专利审查、专利代理、知识产权问题，汇聚 12 篇文章，围绕近年专利领域热点问题展开研究。

责任编辑：王祝兰　　**责任校对**：潘凤越

装帧设计：SUN 工作室　韩建文　　**责任印制**：刘译文

专利法研究 2016

ZHUANLIFA YANJIU 2016

国家知识产权局条法司　编

出版发行：知识产权出版社有限责任公司　　网　　址：http：//www.ipph.cn

社　　址：北京市海淀区气象路 50 号院　　邮　　编：100081

责编电话：010-82000860 转 8555　　责编邮箱：wzl@cnipr.com

发行电话：010-82000860 转 8101/8102　　发行传真：010-82000893/82005070/82000270

印　　刷：北京嘉恒彩色印刷有限责任公司　　经　　销：各大网上书店、新华书店及相关专业书店

开　　本：720mm×960mm　1/16　　印　　张：10.75

版　　次：2019 年 2 月第 1 版　　印　　次：2019 年 2 月第 1 次印刷

字　　数：175 千字　　定　　价：56.00 元

ISBN 978-7-5130-6055-4

目　录

专利代理

知识产权问题

我国专利法引入“间接侵权”问题研究

李爱民[1]

摘 要

专利间接侵权规则是专利制度发展到一定阶段的产物。各国引入专利间接侵权制度的历史证明，如何防止权利人利用这一规则滥用其专利权是制度设计的重点。不同的技术领域，其侵权行为有不同的特点和规律。鉴于间接侵权规则的复杂性和模糊性，建议我国立法应当遵循循序渐进的原则，从较典型的技术领域开始，逐渐过渡到较为复杂的技术领域。

关键词

专利　间接侵权　专利法修改

❶ 作者单位：中国中化集团有限公司创新与战略部。

根据《专利法》的规定，未经专利权人许可实施其专利的为侵权行为。所谓的“实施专利”的行为是指被控侵权人实施的技术方案落入了专利权的保护范围。❶ 实践中往往会有一些侵权者既想免费实施别人的技术但还想逃脱侵权责任，于是自己不实施而是诱导或者帮助他人实施专利技术，或者自己只实施专利技术方案的一部分内容，例如向侵权者提供专门用于实施专利技术的设备、零部件等。这种情况下如果专利权人仅仅有权追究直接侵权者的法律责任，不足以从真正的源头上制止侵权行为，其权利也就得不到有效保护。于是专利侵权制度就发展出了专利间接侵权的规定，以抓住那些故意为侵权行为提供帮助的行为人，为专利权人提供更充分的保护。因此，专利间接侵权是相对于专利直接侵权的一个概念。专利间接侵权判定规则，相当于将专利法赋予专利权人的权利范围进一步扩大，权利人有权禁止的行为不仅包括直接实施专利的行为，还包括没有完全实施其专利的行为。将专利权的保护范围扩展至其没有要求保护的产品或者方法，相当于实质性改变了专利侵权的定义。因此，严格来讲，引入专利间接侵权规则应当通过修改《专利法》有关专利侵权的定义来实现。

一、专利间接侵权制度的演变历史

美国是最先设立专利间接侵权制度的国家，其最开始通过判例将专利侵权行为扩展至诱导或者帮助他人侵权的行为，后来又在 1952 年将判例法上升为成文法。❷ 但在间接侵权制度的发展历程中充满了争议，主要问题就是出现了专利权人借助间接侵权制度滥用其权利的情况。

我国的专利间接侵权制度也是首先从司法实践中发展起来的。2001 年 9 月 29 日北京市高级人民法院发布的《北京市高级人民法院关于专利侵权判定若干问题的意见（试行）》（京高法发〔2001〕229 号），首次明确了专利间接侵权的概念和判定规则。由于在《专利法》没有修改的前提下，对于是否能够直接引入专利间接侵权的概念存在争议，北京市高级人民法院在 2013 年 9 月 4 日发布的《专利侵权判定指南》（京高法发

❶ 《中华人民共和国专利法》第 60 条和第 11 条规定。

❷ 尹新天. 专利权的保护［M］. 2 版. 北京：知识产权出版社，2005：510.

〔2013〕301号）中，删除了有关间接侵权的概念，而将此类行为规定为共同侵权行为，相当于对《侵权责任法》有关共同侵权规定在专利领域的具体适用。2017年4月北京市高级人民法院对该指南进行了修订，对于间接侵权部分内容进行了细化。[1] 2016年3月21日发布的《最高人民法院关于审理侵犯专利权纠纷案件应用法律若干问题的解释（二）》，首次以司法解释的形式明确了间接侵权行为的法律适用，但同样也是没有出现间接侵权的概念，而是作为共同侵权在专利侵权领域的一种具体形式来表述。[2]

2015年12月2日，原国务院法制办公室公布了《专利法》第四次修改草案的征求意见稿，其中第62条建议在《专利法》中引入间接侵权的规定。该草案第62条规定：“明知有关产品系专门用于实施专利的原材料、中间物、零部件、设备，未经专利权人许可，为生产经营目的将该产品提供给他人实施了侵犯专利权的行为的，应当与侵权人承担连带责任。明知有关产品、方法属于专利产品或者专利方法，未经专利权人许可，为生产经营目的诱导他人实施了侵犯该专利权的行为的，应当与侵权人承担连带责任。”虽然这一规定没有引入间接侵权的概念，但该草案建议以法律的形式将专利侵权行为的范围扩展至没有完全实施其专利的行为，因此这一修改建议在业界引起了广泛关注。

其实在《专利法》第二次和第三次修改过程中均讨论过专利间接侵权的问题，但立法机关都没有接受这样的建议，主要难点还在于如何在引入间接侵权的同时防止专利权的滥用。[3] 专利法的立法目的在于规范科

---

[1] 北京市高级人民法院《专利侵权判定指南（2017）》第119条规定：“行为人明知有关产品系专门用于实施涉案专利技术方案的原材料、中间产品、零部件或设备等专用产品，未经专利权人许可，为生产经营目的向他人提供该专用产品，且他人实施了侵犯专利权行为的，行为人提供该专用产品的行为构成本指南第118条规定的帮助他人实施侵犯专利权行为，但该他人属于本指南第130条或专利法第六十九条第（三）、（四）、（五）项规定之情形的，由该行为人承担民事责任。

“前款所称‘专用’产品，应当以原料、产品等是否对实现涉案专利所请求保护技术方案具备实质性意义且具有‘实质性非侵权用途’为判断标准，即，若相应的原料、产品等为实现涉案专利技术方案所不可或缺且除用于涉案专利所保护技术方案而无其他‘实质性非侵权用途’，一般应当认定该原料或产品等为‘专用’。

“有关产品是否属于‘专用’，应由权利人举证证明。”

[2] 详见该解释第21条。

[3] 尹新天. 专利权的保护［M］. 2版. 北京：知识产权出版社，2005：510.

技创新领域的竞争秩序，通过专利权的保护激励人们的创新积极性，进而促进经济社会发展。但专利法在赋予专利独占权的同时也减少了竞争者的数量，对自由竞争和技术信息的共享产生一定影响，因此专利法在确定是否将某种行为纳入专利保护范围的时候，应当充分考虑技术独占与自由竞争之间的平衡。同时专利侵权行为定义的变化将直接影响，甚至改变某一个行业、一个产业的市场竞争格局，因此，一项制度的设立首先应当符合本国产业发展的现状，与绝大多数企业发展的需求相适应。

二、间接侵权适用的范围应当审慎研究

《〈专利法〉修改草案》第 62 条将间接侵权的规制范围规定为不仅有零部件和设备，而且还明确包括原材料和中间物。零部件和设备一般指传统机械加工领域，最典型的间接侵权行为就是帮助或者诱导他人利用零部件组装受专利保护的产品。而原材料一词的范围非常模糊。根据《新华字典》的解释，所谓原材料是指原料和材料的合称，在加工业中，一般将来自采掘业和农业的未经加工的物品称作"原料"，把经过加工的原料称作"材料"。如铁矿石是冶炼钢铁的原料，钢铁是其他加工业的材料。[1] 根据这一解释，原料是采集或者收获于自然界的未经加工的产品，一般不会成为专门用于制造某一产品的物品，不应当被纳入专利间接侵权的范围。美国专利法也仅仅是将材料（material）[2] 列入可能适用专利间接侵权的对象。

此外，将"中间体"列为专利间接侵权的适用对象也存在很大问题。根据百度百科的解释，中间体（intermediate）又称有机中间体，用煤焦油或石油产品为原料以制造染料、农药、医药、树脂、助剂、增塑剂等的中间产物。[3] 因此，可以理解中间体是石油化工行业的专有名词。这就意味着专利直接侵权的规定不仅适用于机械、电学等间接侵权比较常见

[1] http：//xh. 5156edu. com/html5/40354. html.

[2] 根据朗文词典解释（material，a solid substance such as wood，plastic，or metal），材料，如木材、塑料、金属等，应理解为一般为经人工加工后的产品，而非采集或者收获于自然界的未加工产品。

[3] https：//baike. baidu. com/item/中间体/6452740？ fr=aladdin.

的传统领域，也将适用于化学领域。石油化工行业生产过程的特征就是不同物质经过化学反应合成、创造新物质。因此，就石油化工行业而言，原材料和中间体具有两大特点，一是原材料和中间体具有相对性、多重性，不唯一；二是化学反应是分子级的重构，因此无论是原材料还是中间体，其在合成的新物质中已不独立存在，即不可见。以生产化工新材料为例，一般都要经过多步反应过程和环节，少则三五步，多则十数步，相对于最终的产物，之前每一步的反应物都可以称为它的中间体。相对于终端消费品汽车、医药、服装等来说，这些新材料又是生产、制造它们原材料的原材料。典型的专利间接侵权行为一般为行为人提供给他人专用于生产专利产品的零部件，帮助或者教唆他人实施直接侵权行为。直接侵权人实施组装专利产品的行为时，专用零部件的形状、构造、物理化学性质等都不会发生改变。而化学领域的产品生产过程与此有很大差别。如果在化工领域引入间接侵权制度，相比于传统机械领域，将大大扩展专利权人的权利范围，很难防止专利权人滥用其专利权干扰企业的正常生产经营。其他各国专利法也没有将中间体明确列为专利间接侵权适用对象的先例。

我们知道，化工新材料是技术密集的新型材料，主要包括新领域高端化工产品、传统化工材料高端品种和通过二次加工生产的化工新材料三类，业界归纳为九大细分产业领域：工程塑料和特种工程塑料、高端聚烯烃树脂、高性能纤维、特种橡胶和热塑性弹性体、氟硅树脂、聚氨酯材料、功能性膜材料、电子化学品和其他。由于工艺路线复杂、关键设备的高精尖以及反应过程控制难度大等原因，化工产品有一个特点，产品的精细化程度越高，其用途的指向性就越强，即越“专门”。按照《〈专利法〉修改草案》第62条，企业不仅要保证自己的产品不侵权，为自己产品的侵权承担责任，还要保证其下游、下下游厂商的产品不侵权，为下游厂商的产品侵权承担责任。众所周知，多数石油化工领域企业的产品品种类繁多，如果引入上述第62条这样的规定，这种“双重责任”甚至是“多重责任”，将大大加重企业科技创新的管理成本和法律责任，更重要的是企业也没有这样的能力和手段来做到符合法律的规定。在这种情况下，如何防止权利人滥用专利权是引入这一规定需要认真思考的问题。

三、我国石油化工行业的特点

根据国家统计局的数据，2015年中国石油和化学工业的销售收入达到13.14万亿元，2016年达到13.29万亿元，2017年达到13.78万亿元、利润总额8462.0亿元，分别占全国规模工业主营收入和利润总额的11.8%和11.3%，行业亏损面12.8%。2015年税收总额1.02万亿元，占中国工业税收总额的20.7%，位列工业行业之首。同时，我国目前化工新材料总体的自给率为64%，而高端聚烯烃和工程塑料自给率更低，其中，在高端聚烯烃树脂领域，EVA树脂自给率不到30%，POE、mPE和mPP自给率仅为10%左右，EVOH树脂完全依赖进口。

我国无机原料、乙烯、甲醇、化肥、农药、合成树脂、合成橡胶等产量稳居世界前列。但在淘汰落后产能和化解产能过剩的双重压力下，中国石油和化学工业行业正处于具有重大历史意义的战略转型期。此过程将是“凤凰涅槃”式的结构升级。2017年，我国合成材料进口、有机化学原料进口再创历史新高，对国内市场压力越来越大。石化产品进口快速增长，主要有以下原因：一是国内市场需求保持较快增长；二是国内产品在产品质量、品种、价格上与国外产品相比还存在差距，竞争力相对较弱，特别是在中高端市场，占有率较低；三是受环保要求不断提升的影响，一些企业减产、停产，供不足需。

从发达国家石油和化学工业发展经验来看，一个完整的石油和化学工业产业链，从原材料起始到市场终端，由低到高可分为五个产业结构层次。第一个结构层级为石油、天然气和化学矿山开采业。这是石油和化学工业产业链的始发端。第二个结构层级为基础石油化工原材料加工业。第三个结构层次为一般石油和化工加工制造业。第四个结构层次为高端石油和化工制造业。第五个结构层次为战略性新兴石油和化工产业。从我国的石油和化学工业的结构来看，其主要集中在前三个层级：石油天然气开采、炼油和化学矿开采业，占28.0%；基础化学品制造业，占19.3%；一般化工产品加工业（包括肥料、橡胶、合成材料、专用化学品等）占49.4%。第四个层级的高端制造业占2.1%，第五层级的战略性新兴产业占1.2%，其中，第四个层级主要包括化工新能源、新材料、高技术精细化学品及现代煤化工等高精尖技术和新市场用途的石油化工产品。

世界石油化工强国和跨国公司创新发展，抢占技术制高点，培育产业结构竞争优势的战略布局，很早就已规划，很早就已行动。2010 年 6 月英国《化学创新战略报告》提出了未来化学工业的四个创新重点：产品设计、可持续化学、生物基产品和创新制造，以确保英国化学工业，特别是应用化学创新发展所需要的技术和能力。自 2009 年起，美国发布了一系列国家战略、计划和政策，包括《国家创新战略》《国家创新新战略》《先进制造业伙伴关系计划》《先进制造业国家战略计划》《国家纳米计划》《国家制造业创新网络》和“技术创新计划”（TIP 计划），均涉及包括纳米材料、基因材料、碳纤维材料等在内的先进化学材料制造业发展战略。欧盟于 2014 年启动实施了“地平线 2020”计划，将生物化工、膜材料、纳米材料、催化技术和流动合成反应技术等列为重点项目，组织成员国有关大学、科研机构和企业联合开展研发攻关。

在《中国制造 2025》中，重点领域技术创新的十大领域之一就是新材料，包括先进的石化材料、先进的钢铁材料、先进的建筑材料、先进的轻工材料、先进的纺织材料等先进基础材料，还包括高端装备用的特种合金、高性能分离膜材料、高性能纤维及复合材料、新型能源材料、新一代生物医用材料、先进半导体材料、显示材料等关键战略材料，以及 3D 打印、智能仿生与超材料等前沿新材料。

中国化工和新材料行业目前正处在转型升级的关键阶段，技术创新将是实现转型升级最重要的手段，其中“消化—吸收—再创新”又是技术创新的重要方式之一。专利保护将是促进化工领域技术创新的重要制度保障。专利制度要发挥其激励创新的作用，最重要的任务就是既要为专利权人提供充分的法律保护，又要防止专利权人滥用其专利权阻碍技术和信息的传播和利用。这一平衡也是专利间接侵权制度面临的最大难点。[1] 因此，笔者建议，我国在引入专利间接侵权制度时，应当借鉴各国的立法经验，以传统的技术领域为起点，不宜将“中间体”直接明确为间接侵权的适用对象。

---

[1] 尹新天．专利权的保护［M］．2 版．北京：知识产权出版社，2005：510.

四、专利间接侵权制度的引入应当循序渐进

专利间接侵权规则具有复杂性和模糊性，美国等国家专利间接侵权的发展历史已经证明，专利权人很容易利用这一制度滥用其权利。美国从 1871 年第一个专利间接侵权判例到 1952 年正式写入专利法，中间隔了 80 多年。而在此之后，美国专利法对间接侵权规则又进行了多次修改。其中最重要的任务就是如何堵住制度的漏洞，防止专利权被滥用。[1] 相比于跨国公司，我国大部分企业专利意识不强，运用规则的能力还有很大差距。知识产权合规管理和尽职调查还没有受到足够重视，很多企业只有在收到侵权警告函时，才意识到自己的某个行为可能涉嫌侵权。将间接侵权规则扩展至原材料、中间体等，德国没有，日本、英国等都没有。美国专利法第 271 条（c）款虽然规定有“material”一词，如本文前面的分析，该词也不是直接解释为原材料，而是解释为材料更为准确，更没有原料和中间体的含义。因此，我国在专利法中引入间接侵权的规则，应当遵循循序渐进的原则，先规定较为明显的技术领域，随着实践的不断发展，再扩展至其他需要的技术领域。

[1] 尹新天．专利权的保护［M］．2 版．北京：知识产权出版社，2005：516.

论遗传资源和传统知识的专利保护制度

郭晓勇[1] 段晓露[2]

摘 要

生物技术的快速发展催生了对遗传资源的强烈需求。遗传资源在各国分布不均衡导致"生物剽窃"现象大量出现，传统知识同样面临着外来公司商业化利用的问题。如何获取、利用遗传资源和传统知识成为国际议题。为遏制"生物剽窃"现象，促进遗传资源获取与惠益分享原则的落实，大部分遗传资源提供国都在国内专利法中设立了遗传资源来源披露制度，一些国家还设立了传统知识保护相关的专利制度。本文从遗传资源和传统知识保护专利制度的设立背景谈起，探讨遗传资源和传统知识保护国际规则，分析比较各国的遗传资源来源披露和传统知识保护制度，进而评析我国专利法中的相关规定。

关键词

遗传资源 传统知识 来源披露 惠益分享 专利保护

[1][2] 作者单位：国家知识产权局专利局专利审查协作广东中心。

20世纪以来，生物技术快速发展，许多公司发起对自然界的研究以获取商业利益。遗传资源通常是当地居民传统保存的东西，传统知识在这些地方世代相传，在许多情况下，当地居民并未意识到遗传资源和传统知识的商业价值。技术先进的国家或组织在未得到获取遗传资源和利用传统知识的许可的情况下，对生物材料进行商业利用，最后却未对提供这些遗传资源和传统知识的居民作出补偿的行为，被称为“生物剽窃”，广受指责。加蓬、喀麦隆、刚果、赤道几内亚的奥库梅树脂被法国迪奥公司利用生产化妆品和医药，并申请了专利，相关产品在2004年的销售额是加蓬国民生产总值的4倍以上。[1] 姜黄用于痊愈伤口在印度由来已久，而“姜黄在创伤痊愈上的作用”却被密西西比医药中心的两个印裔美国人于1993年向美国专利商标局申请专利并获得授权，触发了对印度遗传资源和传统知识保护影响深远的姜黄案。

我国作为遗传资源和传统知识丰富的发展中国家，一直是发达国家的重点生物勘探对象。1992年6月，我国签署《生物多样性公约》。2008年，我国《专利法》第三次修改时为促进《生物多样性公约》中有关遗传资源获取与惠益分享原则落实，引入了遗传资源来源披露制度。2016年9月，我国正式成为《生物多样性公约关于获取遗传资源和公平公正地分享其利用所产生惠益的名古屋议定书》（以下简称《名古屋议定书》）的缔约方，标志着我国生物遗传资源监管工作将迈入日益规范的法制轨道。面临生物遗传资源保护的迫切需求和国际新形势，我国现有专利制度对遗传资源和传统知识的保护作用的完善值得研究。

一、遗传资源和传统知识专利保护制度的设立

在地带及气候等因素的影响下，位于或部分位于热带和亚热带的巴西、哥伦比亚、厄瓜多尔、秘鲁、中国、印度尼西亚、马来西亚、澳大利亚是世界上生物多样性最为丰富的国家代表，约占全世界生物多样性的70%。除澳大利亚外，这些国家都是发展中国家。遗传资源丰富的发展中国家主张本国遗传资源的主权，要求通过国际公约建立合理机制约束发达国家的“生物剽窃”行为，而科学技术先进的发达国家则认为遗

[1] 师晓丹. 遗传资源权中国法律保护再探讨［D］. 北京：中国政法大学，2010.

传资源是全人类所有的共同资源。为解决这些问题，各国需要对遗传资源及传统知识的利用达成共识，建立国际规则。

遗传资源获取与惠益分享制度现有的国际规制框架主要包括《生物多样性公约》《获取遗传资源和公平公正地分享通过利用遗传资源所产生惠益的波恩准则》（以下简称《波恩准则》）以及《名古屋议定书》。

1992 年在联合国环境与发展大会上 150 多个国家及组织签署的《生物多样性公约》是最早的一项关于生物多样性保护的全球性协议。《生物多样性公约》规定了遗传资源提供者和利用者的权利和义务，确立了遗传资源的国家主权原则、可持续使用原则和公平合理的惠益分享原则。遗传资源惠益分享原则是《生物多样性公约》确立的重要原则，可被概括为“事先知情同意”“共同商定条件”“惠益分享”三要点。

为建立并完善遗传资源惠益分享国际制度，在 2002 年 4 月第六次及 2010 年 10 月第十次《生物多样性公约》缔约方大会上，分别通过了《波恩准则》和《名古屋议定书》。《波恩准则》明确了遗传资源提供者与使用者的关系及权利与义务，要求缔约方应指定与惠益分享有关的国家联络点和国家主管部门，根据国内法律、法规和政策，来负责批准获取遗传资源。《名古屋议定书》要求资源使用者为获取资源，需依据资源提供国的条件事先得到知情同意，资源提供国应采取立法、行政或政策性措施确保协商一致的条件为资源使用者所遵守，公平合理地与资源提供国分享惠益。2014 年 10 月，《名古屋议定书》正式生效，标志着《生物多样性公约》确立的生物遗传资源获取与惠益分享目标得以实现。

值得注意的是，《名古屋议定书》并没有规定在申请专利时强制性披露遗传资源的来源。[1] 资源使用国还指出，若资源提供国未以立法形式对遗传资源的获取提出要求，则说明资源使用者可以在不履行义务的情况下随意获取该国资源，因为对遗传资源享有主权的该国决定对资源的取得行为不进行限制。[2] 可见，只有在完善国内立法的同时充分利用和加强国际条约的影响力，才能确保本国遗传资源保护和公平公正的惠益分享的实现。

虽然专利制度与遗传资源和传统知识管理制度属于不同的法律制度框架，但是专利法能够在制度上支持遗传资源的专门立法，促进遗传资

---

❶ 阚晶．专利制度对生物遗传资源的保护研究［D］．桂林：广西师范大学，2013.

❷ 徐靖，李俊生，薛达元，等．《遗传资源获取与惠益分享的名古屋议定书》核心内容解读及其生效预测［J］．植物遗传资源学报，2012，13（5）：720-725.

源惠益分享的实现。遗传资源利用者通过向世界各国申请专利谋求垄断利益，由此产生了对此类专利申请和专利权使用行为的监督，专利垄断获益有利于促进遗传资源价值的充分发掘和惠益分享。同时，也应该清醒地认识到专利法并不是保护遗传资源最直接的法律制度，与生物遗传资源管理制度相配合才能有效发挥监管作用。因此，如何结合自身国情在现有的传统专利制度体系内找到最恰当的保护方式十分重要。

二、专利法遗传资源来源披露制度

遗传资源来源披露制度指在与遗传资源有关的专利申请中，申请人应当在申请文件中披露所涉遗传资源的来源信息，如不履行披露义务，将导致专利申请被驳回、已授权专利被无效或撤销，或其他行政、民事、刑事制裁后果。❶ 该制度是《生物多样性公约》提倡的遗传资源保护制度。

遗传资源来源披露制度涉及披露的启动要件（何时需要披露）、披露的内容（具体披露什么信息）、不履行披露义务的后果（不披露会怎么样）。表1简单示出了不同国家或组织的遗传资源来源披露制度的构成。❷

表1　各国或组织遗传资源来源披露制度比较

	欧盟	瑞士	印度	巴西	中国	安第斯共同体
法律法规	《关于生物技术发明法律保护的欧共体第1998/44号指令》前言第27条	《联邦政府发明专利法》(2012)第49a条、第59条、第59a条和第81a条	《印度专利法》(2005)第10(4)(d)(ii)条、第25条、第64条；《生物多样性法》(2002)	2001年《保护生物多样性与遗传资源暂行条例》	《专利法》第5条第2款、第26条第5款；《专利法实施细则》第26条、第53条	《建立共同工业产权制度的第486号决定》中第26条、第39条、第75条

❶ 邓福国，曹俊，李珍萍. 我国基因资源地源披示制度的构建与完善：以各国立法规则模式为切入点［J］. 政治与法律，2009（2）：124-132.

❷ 邓福国，曹俊，李珍萍. 我国基因资源地源披示制度的构建与完善：以各国立法规则模式为切入点［J］. 政治与法律，2009（2）：124-132；甘蜜. 专利法中遗传资源来源披露制度研究［D］. 上海：华东政法大学，2016；陈逸侃. 专利法背景下的生物遗传资源保护［D］. 上海：上海社会科学院，2013.

续表

	欧盟	瑞士	印度	巴西	中国	安第斯共同体
启动要件	发明基于植物或动物的生物材料或其使用	直接依赖于遗传资源完成的发明	在一项发明中被使用的生物材料	遗传资源成分样本	依赖遗传资源完成的发明	发明是从遗传资源或其衍生物中的得到的或发展而来的
披露内容	地理来源，通常理解是原始来源（仅在申请人已知的前提下披露，即使未知，不需要说明理由）	遗传资源的来源（如未知，必须以书面方式载明）	该生物资源的来源和地理来源；事先知情同意证据	遗传资源来源证明	遗传资源的直接来源和原始来源；无法说明原始来源的，应陈述理由	获取合同
不履行披露义务的后果	对专利申请的处理或授予的专利权利的有效性没有影响	专利申请过程中未披露，且限期未补正，专利申请被驳回；任何故意提供错误披露信息的人应当承担罚金	未披露或错误披露来源，在专利获得授权后，可被撤销	专利被中止或撤销	可作为专利申请被驳回的理由，而非授权专利被宣告无效的理由	专利申请过程中不履行披露义务且限期未补正，专利申请被视为放弃并且其优先权丧失；专利授权后可被宣告无效

欧盟、瑞士和中国在专利法中要求遗传资源来源披露，巴西在专门立法中要求遗传资源获取与惠益分享披露。印度不仅在专利法中要求遗传资源来源披露，在《生物多样性法》中对“知情同意披露”也有规定。巴西选择遗传资源获取与惠益分享专门立法有很强的针对性，但是遗传资源的保护涉及的内容是多方面的，遗传资源管理与专利制度的割裂会影响执行效率。

遗传资源的启动要件反映了国家或组织对遗传资源的界定。瑞士、中国要求依赖遗传资源完成的发明需要披露遗传资源来源，印度、巴西、安第斯共同体赋予披露义务更宽泛的启动范围。印度要求所有使用生物材料完成的发明都要履行披露义务，巴西、安第斯共同体要求披露的发明不仅仅限于对遗传资源中遗传功能单位的使用，还包括对遗传资源中与遗传功能无关的生化成分的使用。虽然披露范围扩大强化了遗传资源的保护，但也要考虑到国内专利审查的行政负担以及可能引发的相关制度的衔接问题。

需要披露的遗传资源来源信息主要涉及遗传资源本身、遗传资源的来源和有关事先知情同意的承诺或证据。[1] 安第斯共同体、印度要求披露知情同意证据。对此，一些发达国家认为披露事先知情同意的证据会增加专利申请成本和专利审查机关的负担，[2] 而以印度和巴西为代表的发展中国家认为上述证据的披露是履行国内立法义务，专利审批机关不需要审核其真实性，知情同意证据可为后续惠益分享提供基础。

在欧盟，不披露遗传资源的来源对专利申请和专利权的有效性没有影响，仅仅是形式要求。在瑞士，不披露对专利申请有影响，但对专利权无影响，虚假信息披露会承担罚金。在中国，不披露会造成专利申请被驳回，但不会被宣告无效。在安第斯共同体，不披露会造成专利申请不被授权，并可造成专利权被宣告无效。在印度和巴西，不披露也会造成专利申请不被授权，但是并不会造成专利权被宣告无效，而是被撤销。违反披露义务的法律后果各国规定差别较大，需要结合国情确定。

三、传统知识保护专利制度

从 1998 年开始，WIPO 开展了将传统知识纳入知识产权体系的工作。知识产权制度保护传统知识是必要的可行的。《生物多样性公约》第 8 条（j）项提供了保证传统知识权利人能够参与传统知识利用和利益分配的两个机制——“同意与参与”和“利益的公平分享”。传统知识来源披露制度与遗传资源披露制度的惠益分享原则是相同的，即事先知情同意、共同商定条件和惠益分享。

专利法中传统知识披露制度被一些国家采用，如瑞士在《联邦政府发明专利法》中要求申请人披露土著或当地社区的传统知识来源。将传统知识保护引入专利制度中的国家的典型代表是印度。《印度专利法》第 3 条（p）项规定：“不具有可专利性的发明包括：视为传统知识，或传统

[1] 甘蜜．专利法中遗传资源来源披露制度研究［D］．上海：华东政法大学，2016.

[2] 张小勇．遗传资源的获取和惠益分享与知识产权［M］．北京：知识产权出版社，2007：321-323.

上某一已知组分或多种组分财产的复制或集合形式的发明”，第 25 条（k）项和第 64 条（p）项规定：“专利的授予可能遭到异议或撤销的理由包括：全部说明书中任何权利主张所要求保护的发明，预计涉及印度或其他地方的当地或土著社区可获得的口头或其他形式的知识”。❶ 印度还建立了传统数据库，包括蜜蜂数据库、传统知识数字图书馆等，提供给其他国家的专利局使用。建立传统知识数据库能有效地防止其他国家对传统知识的剽窃行为。印度整体上偏向防御性机制，禁止传统知识被授予专利权，并建立数据库抵挡传统知识剽窃行为。2002 年秘鲁公布的《生物资源本土居民集体保护制度法》中有关事先知情同意制度、登记制度、针对其传统知识的专利申请制度等对传统知识专利法的防御性保护也有积极的借鉴意义。❷

传统知识专利制度保护能有效防止“生物剽窃”行为，促进惠益分享的落实。然而，由于传统知识的传统性、地域性、社群性和发展性，采用专利制度保护存在一定的困难，比如涉及传统知识的归属问题、披露范围的界定问题。具体到专利审批实践中，相关审查需要传统知识数据库支持，否则很难确定发明涉及的知识是否为传统知识，而传统知识数据库建立可能涉及权利人专利申请权被剥夺的问题。国际社会已经意识到利用知识产权制度保护传统知识的重要性，而各国的立足点和国情差异大，相对于遗传资源，传统知识专利制度保护在更大程度上依赖于国内立法支持。

四、我国专利法遗传资源来源披露制度及完善建议

我国是世界上为数不多的遗传资源非常丰富的国家之一，五千年文明传承，历史悠久，传统知识源远流长。我国深受“生物剽窃”的侵害。表 2 列举了发达国家从我国获取遗传资源并申请专利的部分案例。

---

❶ 毕晔．传统知识的专利法防御性保护问题探析［D］．北京：北京化工大学，2013；雷媛媛．论传统知识纳入专利制度保护的困境及对策［D］．开封：河南大学，2011．

❷ 毕晔．传统知识的专利法防御性保护问题探析［D］．北京：北京化工大学，2013；韩锐．论传统知识的国际法保护［D］．太原：山西大学，2006；杨霞．论传统知识的知识产权保护［D］．北京：中国政法大学，2007．

表 2　发达国家从我国获取遗传资源并申请专利的部分案例❶

专利权人	遗传资源	用途	惠益分享
孟山都公司（美）	野生大豆	高产植株	无
雅芳化妆品公司（美）	东方泽泻	护肤品	无
博福益普生（法）、舒倍（德）	银杏	治疗气喘	无
罗纳普朗克（法）、葛兰素（英）	青蒿素	抗脑疟疾	无
得州农工大学（美）	高粱	生物燃料	无

针对遗传资源流失现状，我国已经在立法层面积极推进遗传资源保护工作，对于遗传资源采取分类保护，不同类别的遗传资源由相应的行政部门进行管辖。为加强遗传资源的保护，同时履行《生物多样性公约》规定的义务，2008 年我国《专利法》第三次修改时在专利制度中引入了遗传资源来源披露制度。

（一）我国专利法遗传资源来源披露制度

我国《专利法》《专利法实施细则》《专利审查指南 2010》对遗传资源的界定、遗传资源来源披露方式、违法利用遗传资源的后果以及不披露的后果均有规定。由此可以总结出我国遗传资源来源披露制度的特点。

1. 遗传资源的定义

我国《专利法实施细则》第 26 条第 1 款中规定："专利法所称遗传资源，是指取自人体、动物、植物或微生物等含有遗传功能单位并具有实际或者潜在价值的材料"。我国《专利法》中对遗传资源的定义基本与《生物多样性公约》中一致。值得注意的是，我国将人体遗传资源包括于遗传资源的概念内，而《波恩准则》明确规定公约不适用于保护人类遗传资源，这不是对于人类遗传资源降低或排除法律保护，是因为人类遗传资源涉及人的主体尊严、伦理道德等多方面因素，需另立法律给予专门保护。国外立法大多对此认可。我国对人体遗传资源的处理可能是由于相关法规不完善所致。

2. 遗传资源来源披露方式

我国《专利法》第 26 条第 5 款规定："依赖遗传资源完成的发明创造，申请人应当在专利申请文件中说明该遗传资源的直接来源和原始来

❶ 王艳杰，武建勇，赵富伟，等．全球生物剽窃案例分析与中国应对措施［J］．生态与农村环境学报，2014，30（2）：146-154.

源；申请人无法说明原始来源的，应当陈述理由。”我国《专利法实施细则》还要求申请人提交国务院专利行政部门制定的遗传资源来源披露登记表，若填写不符合规定，审查员可以据此驳回该专利申请。我国遗传资源来源披露内容不涉及知情同意证据，遗传资源来源披露登记表仅是一种形式要求，因为国务院专利行政部门不具有对遗传资源来源披露信息进行核实和管理的能力。

3. 违法披露或未披露的后果

我国《专利法》中与遗传资源披露相关的第26条第5款属于驳回条款，不属于专利权无效条款。涉及违法获取或者利用遗传资源的第5条第2款属于驳回条款，也属于无效条款。我国将遗传资源来源披露要求仅规定为专利申请的驳回要件，而未纳入专利权的无效理由，可能是考虑到虚假披露我国遗传资源的专利权人，在很大程度上对遗传资源的获取或利用是违法的，此种情况下授权后发现“未履行披露义务”时可以通过“违法不授权条款”来解决，国务院专利行政部门设置无效程序对来源国信息的真实性审查在执行上也有困难。

（二）我国遗传资源和传统知识专利保护制度完善建议

针对我国目前专利法对遗传资源和传统知识保护的不足之处，很多学者都提出改进建议。结合专利审查实践，笔者认为下列建议值得考虑。

1. 扩大遗传资源的界定

在国际谈判中，发达国家一直主张遗传资源的遗传功能性，发展中国家则寻求遗传资源定义的扩大化。最终经过长期谈判，《名古屋议定书》纳入了“衍生物”和“利用遗传资源”概念。第2条（e）项规定“衍生物”是指由生物或遗传资源的基因表达或新陈代谢所产生的、天然生成的生物化学化合物，即使其不含有遗传功能单位；第2条（c）项规定“利用遗传资源”是指对遗传资源的基因和/或生物化学成分进行研究和开发。而目前我国《专利法》将遗传资源的利用方式仅限定于对遗传资源遗传功能的利用。若将披露义务的启动范围由遗传资源的功能单位扩展至遗传资源衍生物利用的范围，则绝大部分生物制药、化妆品、保健品等研发都将可能被纳入专利法披露义务范围之中，为我国参与后续惠益分享提供更多机会。

2. 将遗传资源来源披露条款纳入无效理由

我国遗传资源来源披露条款是驳回理由，不是无效理由，给遗传资源的披露后果留下了漏洞：如果遗传资源来源虚假披露的专利申请获得授权，无法被宣告无效。有学者认为可通过《专利法》第 5 条第 2 款以违反法律法规而被宣告无效来弥补该缺陷，但是我国目前遗传资源获取立法还不完善，不能做到全面保护。因此有学者提出将恶意不真实披露纳入无效理由。[1] 在遗传资源获取与惠益分享立法不完善的情况下，将恶意不真实披露纳入无效理由，能防止申请人的虚假披露，但是无法弥补本应披露但是未披露的专利申请被授权而不能被宣告无效所带来的不公平的问题，这种问题的发生是可能的审查程序疏忽导致的。具体到专利审批实践，专利法遗传资源来源披露制度相关法规需要进一步地细化解释，提高可操作性。当然，只有完善我国遗传资源相关法规，才能解决根本问题。将《专利法》第 26 条第 5 款作为无效理由是值得考虑的。

3. 将事先知情同意的证据纳入披露义务的范围

我国专利法未对事先知情同意和惠益分享证据的披露作要求。事先知情同意和惠益分享证据是国家对遗传资源获取和惠益分享管理能力的体现，为遗传资源惠益分享落实提供依据。随着我国遗传资源获取与惠益分享制度的完善，在专利法中引入事先知情同意和惠益分享证据披露是必然趋势。我国《专利审查指南 2010》已规定对于列入中国畜禽遗传资源保护名录的畜禽遗传资源的境外输出，应当办理审批手续。将这些诸如审批手续的证据进行披露是可行的。

4. 建立传统知识的专利法保护制度

我国专利法并未对传统知识的来源披露作要求。传统知识本身是世代相传的，传统知识本身由于不满足新颖性和创造性的要求，难以被获得专利权，但是基于传统知识的利用获得的专利是有必要对传统知识的权利人作出补偿的。《名古屋议定书》中将遗传资源和与遗传资源相关的原住民传统知识一同列为利益分配的对象。传统知识的来源披露制度被多国采用，能够防止传统知识被不当申请专利，保护传统知识权利人的利益，确保事先知情同意与惠益分享制度的实施。此外，传统知识数据库的建立是至关重要的，有助于传统知识的准确认定，防止被错误授权，利于专利审批程序执行。

[1] 张倩.《专利法》中遗传资源来源披露制度研究［D］. 上海：华东政法大学，2015.

结　语

生物遗传资源是一个国家的战略资源，关系到国家的切身利益。专利制度作为监管生物遗传资源和传统知识获取和利用的有效手段，是目前国际知识产权领域研究的热点问题。2016 年，我国正式成为《名古屋议定书》的缔约方，进一步推进了我国生物遗传资源监管工作的落实。现阶段应当充分借鉴各国立法以及国际组织的研究进展，在制定或完善生物多样性保护法规的同时，也应当相适应地完善专利法遗传资源来源披露制度，加强传统知识保护，促进生物遗传资源和传统知识的保护和合理利用。

专利权权利用尽原则的内涵及适用

张永华[1]

摘　要

专利权权利用尽原则是对专利权行使的限制，是对商品流通秩序的合理保障。本文通过对比研究美国、欧洲关于专利权用尽的规定，分析了我国专利权权利用尽原则的法律规定以及司法实践中存在的问题，并提出了法律适用的建议。

关键词

专利　权利用尽

---

[1] 作者单位：国家知识产权局条法司。

一、引　言

（一）专利权权利用尽原则的含义及其在我国立法中的规定

专利权权利用尽原则，是指专利权人或其授权的被许可人一旦在售出蕴载其专利技术的产品之后，相关专利权利就被用尽，即专利权人不可以再依据该专利权主张任何排他性权利。一般认为，专利权权利用尽原则在我国专利法法律框架内，体现在《专利法》（2008 修正）第 69 条第 1 款第（一）项："有下列情形之一的，不视为侵犯专利权：（一）专利产品或者依照专利方法直接获得的产品，由专利权人或者经其许可的单位、个人售出后，使用、许诺销售、销售、进口该产品的；……"虽然该法条明确提出，专利权权利用尽适用于蕴载专利的产品经合法售出后发生的使用、销售、许诺销售、进口行为，但在产业实践中，专利权人同时利用产品销售与专利许可进行二次盈利、获得双重甚至多重报酬的现象时有发生。

（二）专利权权利用尽原则存在合理性的解释理由

纵观全世界各法域的立法和司法实践，解释专利穷尽原则合理性的重要理由有两个。一是保障蕴载专利的商品能够不受限制地自由流通，二是防止专利权人获得双重报酬。

德国帝国最高法院早在 1902 年 Guajokol Karbonat 案的判决中便承认了专利权权利用尽原则。[1] 在该判决中，帝国最高法院认为专利权利用尽原则产生的理由在于："第一，专利权人在不需要与第三方竞争的情况下售出受专利保护的产品，就已经获得了通过专利独占获利的机会，从而使其独占权用尽；第二，专利权用尽原则能够防止专利权人分割国内市场，阻碍商品的自由流动，保障公众在专利产品自由贸易中的利益。"[2] 同德国一样，日本并没有在其专利法中明确规定专利权利穷尽制度，而是在司法判例中形成和发展的。[3] 日本法认为用尽的理论同样是基于以下

---

[1] RGZ 51，139.

[2] 尹新天. 专利权的保护 [M]. 2 版. 北京：知识产权出版社，2005：66.

[3] 于翔，武兰芬，姜军. 矛盾的选择：日本专利权耗尽与产品平行进口立法及判例解析 [J]. 电子知识产权，2004 (10)：47.

几点：①实现发明的保护与社会公共利益的协调；②防止专利权人获得双重利益；③保障作为商品的专利产品的自由顺畅流通。[1] 由此可见，日本法上同样出于保障商品的自由流通不被限制的考虑，规定了专利权利用尽制度。

将保证商品的自由流通和流转作为首要考量因素的价值取向在 2017 年 5 月美国最高法院作出判决的 Impression Products，Inc. 诉 Lexmark International，Inc. 一案中也得到体现。[2]

（三）产业实践中专利权权利用尽所面对的焦点问题与挑战：专利权人出售的产品为制造终端产品的组件时应当如何适用专利权权利用尽原则

在产业实践中，专利权人在出售产品的同时进行专利许可是常见的。相应地，在司法实践中，对于专利权在何时用尽，也存在诸多争议。特别的是，当专利权人出售的产品为制造终端产品的组件时，专利权用尽的情形会更加复杂。对于专利权人出售的产品为制造终端产品的组件，可以区分为两种情形。在第一种情形下，专利权人出售的组件本身是专利产品，但该专利产品在售出后会作为组件制造另一产品。第二种情形是，专利权人或经其许可的单位、个人售出的是用于制造该最终专利产品的零部件或中间产品。本文将针对这两种情形，在我国法律框架下相关规则的应用分别进行讨论。

对于第一种情形，需要对购买者利用合法获得的专利产品作为零部件或者中间产品生产制造另一产品的行为进行定性。我国立法和司法实践中，将利用合法售出的专利产品作为零部件或者中间产品制造另一产品的行为通常视作是使用行为，故而专利权利用尽原则可以直接适用。

对于第二种情形，各国司法实践均采取了在一定条件下，权利用尽原则可以适用、专利权人的权利范围应当被限制的态度。具体而言，以德国为代表的大陆法系国家利用专利权权利用尽与默示许可原则两套机制分别处理专利产品售出与零部件售出后对专利权人行使专利权的限制。在默示许可理论下，专利权人对专用零部件的售出，则意味着对后续终端产品上蕴载的专利权，给予了默示许可，从而专利权人不可再对终端

[1] 最判平 9.7.1，BBS 平行进口案。

[2] Impression Products，Inc. v. Lexmark International，Inc.，137 S. Ct. 1523（2017）.

专利产品的销售、许诺销售、使用进行限制。不同于大陆法系国家，普通法系国家（以英国为代表）将专利权利用尽原则和默示许可理论融为一体，不加区分。因此，当售出的产品是专门用于制造组装专利产品的零部件时，既可以说购买者获得了整个产品上专利的默示许可，也可以说整个产品上的专利权被用尽了。虽然大陆法系国家和普通法系国家采用了不同的理论基础来限定专利权人售出零部件后专利权行使的范围问题，但均认可了，假如专利权人售出的是“专用零部件”，则无法针对最终产品主张专利权。我国法律框架与司法实践也均认可，专用零部件的售出会带来对专利权行使的限制。

二、利用合法售出的专利产品作为零部件或者中间产品制造另一产品的行为，应当适用专利权权利用尽原则

利用合法售出的专利产品制造另一产品的情形在企业生产经营中十分常见。通常生产制造型企业会从某一专利权人或其授权的被许可人处购得蕴载其专利技术的产品，然后利用该专利产品作为零部件或者中间产品，制造出另一产品。而在该另一产品整体上，专利权人没有可以主张的专利，或者说该另一产品不受专利权人在零部件上的专利权的保护。

要回答“利用相关专利产品作为零部件或者中间产品，制造另一产品的行为，是否适用专利权权利用尽原则”这个问题，首先应当对购买者利用合法获得的专利产品作为零部件或者中间产品生产制造另一产品的行为进行定性。如上文所述，《专利法》（2008 修正）第 69 条所规定的因购买专利产品而产生的豁免仅限于“使用、许诺销售、销售或者进口”行为。因此，假如利用专利产品作为零部件或者中间产品制造另一产品的行为，属于上述行为中的一种，则可以适用专利权权利用尽原则。其次，如果“利用相关专利产品作为零部件或者中间产品，制造另一产品的行为”属于第 69 条第（一）项规定的豁免行为，则需要分析，后续使用该零部件或者中间产品制造其他产品以及后续的销售、使用该其他产品的行为是否同样适用权利用尽原则。

（一）我国司法实践中，将利用合法售出的专利产品作为零部件或者中间产品制造另一产品的行为通常视作使用行为

我国司法实践上对购买者利用从专利权人或其授权的被许可人处合法获得的专利产品作为零部件或者中间产品生产制造另一产品行为的性质进行了明确的规定。最高人民法院在《关于审理侵犯专利权纠纷案件应用法律若干问题的解释》第12条第1款中规定："将侵犯发明或者实用新型专利权的产品作为零部件，制造另一产品的，人民法院应当认定属于专利法第十一条规定的使用行为；销售该另一产品的，人民法院应当认定属于专利法第十一条规定的销售行为。"由此可见，我国将购买者将购得的专利产品作为零部件制造另一产品的行为明确定性为使用行为，而销售该另一产品的行为则被定性为销售行为。

此外，北京市高级人民法院也在其发布的《专利侵权判定指南（2017）》第102条中规定："将侵犯发明或者实用新型专利权的产品作为零部件或中间产品，制造另一产品的，应当认定属于对专利产品的使用。"在第106条中规定："将侵犯发明或者实用新型专利权的产品作为零部件或中间产品，制造另一产品后，销售该另一产品的，应当认定属于对专利产品的销售。但该中间产品在制造过程中的物理化学性能发生实质性变化的除外。"

我国司法实践也认可了这种情形下专利权权利用尽原则的适用。在2010年广东省高级人民法院受理的一件专利侵权纠纷案❶中，直接涉及购买者利用合法获得的专利产品作为零部件或者中间产品生产制造另一产品是否触发权利用尽原则的问题。在该案中，原告专利权人郑伟琳持有一件名称为"鼠标外壳（M112）"的外观设计专利，而被告海洋电脑耗材（深圳）有限公司从原告开办的"深圳市宝安区福永镇亿禧模具塑胶制品厂"处购买了大量的"M112"鼠标外壳、按键、滚轮饰板等鼠标的零部件，并利用这些零部件组装成鼠标成品，然后经由该案另一名被告深圳市百年办公耗材有限公司销售该鼠标。原告认为，两被告未经其许可利用其专利产品"M112"鼠标外壳作为零部件制造鼠标成品并销售的行为侵犯了其"鼠标外壳（M112）"的专利权。而广东省高级人民法院在该案

❶ 郑伟琳与深圳市百年办公耗材有限公司等侵犯外观设计专利权纠纷上诉案（广东省高级人民法院（2010）粤高法民三终字第168号）。

二审中认为，原告郑伟琳在将专利产品“M112”鼠标外壳销售给被告海洋公司时应该知道这些零部件不可能仅供海洋公司自己使用，海洋公司采购大量零部件的目的就是为了组装为成品并予以出售。根据《中华人民共和国专利法》(2000 年修正) 第 63 条第 1 款第（一）项[1]规定：“专利权人制造、进口或者经专利权人许可而制造、进口的专利产品或者依照专利方法直接获得的产品售出后，使用、许诺销售或者销售该产品的”不视为侵犯专利权。因此，原告郑伟琳在出售其专利产品后，其专利权已经用尽。由此可见，广东省高级人民法院实质上是认可了将利用专利产品作为零部件制造另一产品的行为是一种使用该专利产品的行为，相关行为适用权利用尽原则。

此外，最高人民法院也有若干司法判例认可了利用专利产品作为零部件或中间产品，制造另一产品的行为，属于对专利产品的使用行为。在沈国宝与深圳市五洲科麦电子有限公司侵害外观设计专利权纠纷申请案[2]中，最高人民法院根据上述《最高人民法院关于审理侵犯专利权纠纷案件应用法律若干问题的解释》第 12 条第 2 款的规定，认为被告五洲公司将侵害外观设计专利权的耳机控制器产品作为零部件，制造耳机整体产品并销售的行为，应当认定为《专利法》第 11 条规定的销售行为。

同样地，在日本电产芝浦（浙江）有限公司等诉中山大洋电机股份有限公司专利纠纷案[3]中，最高人民法院则援引了上述司法解释第 12 条第 1 款的规定，认为被告日本电产芝浦（浙江）有限公司利用侵害原告专利权的电机产品作为零部件制造空调产品的行为构成对该零部件上专利的使用行为。

（二）利用合法售出的专利产品作为零部件或者中间产品制造另一产品导致该零部件或中间产品上蕴载的专利权权利用尽

由于购买者利用合法获得的专利产品作为零部件或者中间产品生产制造另一产品的行为属于使用行为，而之后销售该另一产品的行为属于销售行为，而非制造行为，因此购买者可以主张专利权利用尽抗辩。换言之，当购买者利用合法获得的专利产品作为零部件或者中间产品生产

[1] 现行《专利法》在 2008 年修改前，在第 63 条第 1 款第（一）项中规定了专利权利用尽抗辩。

[2] (2016) 最高法民申 1863 号。

[3] (2014) 民申字第 1951 号。

制造另一产品，或者之后销售该另一产品的行为不构成对该零部件或者中间产品上专利的侵权，该零部件或者中间产品上的专利权在专利权人或其授权的被许可人首次销售给购买者时便已经穷尽，能够适用专利权利用尽原则，专利权人不得就购买者该行为主张专利侵权。这一结论在我国立法和司法实践中，亦得到了明确、肯定的印证。

三、利用售出专用零部件制造专利产品时，专利权权利用尽原则同样适用

根据权利用尽原则，产品专利随着产品的售出而穷尽。如果专利权人只是制造专利产品的某个零部件售出，此时整个产品上的专利会不会随之穷尽呢？我们首先分析比较其他一些国家如何对待专用零部件售出是否穷尽关联专利，然后再借鉴其他国家的做法，对我国应该如何解决这一问题进行分析。

（一）大陆法系和英美法系适用专利权权利用尽原则时采用了不同的法理基础

1. 以德国为代表的大陆法系国家倾向于采用默示许可理论限制专利权人在专用零部件售出后对于整个专利产品行使专利权

以德国为代表的大陆法系国家，利用专利权权利用尽与默示许可原则两套机制分别处理专利产品售出与零部件售出后对专利权人行使专利权的限制。在这些国家的法律框架下，默示许可理论和权利用尽原则是两个不同的独立概念，其适用范围和法律效力都有所不同。❶ 专利权利用尽原则被认为是对专利权的内在本质性限定，不论专利产品售出时是否有明示的限制性条件，专利权利用尽原则都必须适用，专利权利用尽原则为购买者提供了绝对意义上的侵权豁免。而默示许可仅为购买者提供了相对意义上的侵权豁免。

德国法认为零部件售出后对于整个专利产品的专利权权利用尽问题，由于所涉及的专利权是在整个产品上的专利权，显然不是售出零部件本身上的专利权，因此权利用尽原则无法适用。但是，当售出的零部件是实施有关产品专利的专用零部件时，可以适用默示许可理论。❷

---

❶❷ 尹新天．中国专利法详解［M］．北京：知识产权出版社，2011：173.

同样地，在日本的一个案例中，日本法院针对类似问题也采取了默示许可的态度。在“托盘包装用缠绕膜”一案[1]中，实用新型权利人授权其担任董事的公司制造、销售一种托盘，在之后的流通过程中购买的农家放入蘑菇通过包装就完成了专利权人的实用新型专利的实施品。尽管售出的托盘并非专利的实施品本身，但由于该托盘原本用法就是用于该专利方案的实施，大阪地方法院判决购买者默认获得实施专利权人涉案实用新型专利的同意。

2. 美国司法判例倾向于依赖专利权权利用尽原则，限制专利权人在专用零部件售出后对于整个专利产品行使专利权

不同于大陆法系国家，普通法系国家（以英国为代表）将专利权利用尽原则和默示许可理论融为一体，不加区分。因此，当售出的产品是专门用于制造组装专利产品的零部件时，既可以说购买者获得了整个产品上专利的默示许可，也可以说整个产品上的专利权被用尽了。

特别地，在美国法下，美国最高院认为即使在专利权人销售给购买者关联产品时专利产品整体尚未售出，整个产品上的专利依然可能用尽。在1942年的U. S. v. Univis Lens Co. 一案[2]中，专利权人Univis公司在一种多焦点眼镜镜片（成品）上拥有多个产品专利，并且对外进行专利许可：许可其母公司Univis Lens制造镜片毛坯（中间产品）并销售给其指定的其他被许可人。Univis公司另外还授权三种许可，分别给批发商、成品零售商和配镜零售商。其中，给批发商和成品零售商的许可内容是类似的：授权它们可以从Univis Lens处购买其制造的镜片毛坯，并且将这些镜片毛坯进行研磨、抛光等加工形成多焦点镜片，然后销售给配镜零售商。然而给配镜零售商的许可中，并不允许它们将镜片毛坯进行研磨、抛光处理成镜片成品，只授权它们将镜片成品进行调整然后销售给消费者。Univis公司认为配镜商未经其许可，从成品零售商处购买镜片毛坯并擅自对毛坯研磨、抛光制成镜片成品的行为侵犯了其关于镜片成品的形状、尺寸以及构造等专利权。

美国联邦最高法院认为，专利权人在将镜片毛坯销售给批发商和成品零售商时，就用尽了其在镜片成品上的专利权。美国联邦最高法院解

---

[1] 大阪地方法院平成13年12月13日判决·平成12（ワ）4290。

[2] U. S. v. Univis Lens Co.，316 U. S. 241（1942）.

释道，不论是被许可人销售了完整的专利产品，还是以使得购买人能够后续加工成成品然后销售该成品的目的销售未完成的专利产品，都一样地将该专利产品上的发明所有权转让给了购买人。[1] 最终，法院得出了非成品状态的镜片毛坯在销售时依然可以用尽镜片成品上专利权的结论，但同时认为销售非成品状态的产品适用权利用尽原则需要满足 2 个方面的条件：①购买者购买非成品唯一合理的使用意图（only reasonable and intended use）是用来制造成品，即“无合理的非侵权途径”；②非成品应当体现该专利成品的“实质性技术特征”。最高院认为在该案中，配镜商使用镜片毛坯的唯一合理意图在于制造镜片这一专利成品，且该镜片毛坯体现了专利镜片的实质性技术特征，因此当配镜商从专利权人授权的被许可人处合法购买镜片毛坯时便用尽了镜片成品上的专利权。

在 2008 年的 Quanta Computer，Inc. v. LG Electronics，Inc. 一案[2]中，美国联邦最高法院再次适用了 Univis 案中创设的“两步法”判断零部件或者中间产品是否用尽成品整体上的专利权。在 Quanta 案中，专利权人 LG 拥有的涉案专利与解决电脑 CPU 中由于数据即时更新导致暂存器与高速缓存中的数据不一致的问题有关。LG 许可 Intel 公司制造和销售使用 LG 涉案专利的微处理器和芯片，但是在许可协议中明示了该协议未创造任何第三方权利。Quanta 公司从 Intel 那购买了微处理器和芯片组，通过将 Intel 产品与非 Intel 公司的内存和总线以实施 LG 专利的方式相结合而制造电脑。因此，LG 对 Quanta 公司提起侵权诉讼，诉称其将 Intel 产品与非 Intel 的内存和总线相组合，侵犯了 LG 的专利。该案中就 Intel 销售微处理器和芯片组时是否就耗尽了 LG 的涉案专利的问题，专利权人主张要构成专利侵权，光靠 Intel 销售给 Quanta 的微处理器和芯片组这些零部件还不够，还必须是这些零部件安装在电脑整机环境下方能实施这些涉案方法专利，所以由于销售芯片时电脑整机尚未组装完毕，整机上的涉案专利不能在此时被穷尽。专利权人进一步主张由于 Intel 销售的零部件不能准确对应于涉案专利的权利要求保护范围，允许零部件的销售来穷尽涉案专利将会导致一个专利的权利状态被该专利产品中的某一个元素组件所决定，这显然是不可取的。[3]

---

[1] U. S. v. Univis Lens Co. 316 U. S. 252（1942）.

[2] Quanta Computer Inc.，et al. v. LG Electronics，Inc.，553 U. S. 617（2008）.

[3] Quanta Computer Inc.，et al. v. LG Electronics，Inc.，553 U. S. 631（2008）.

美国联邦最高法院否定了 LG 的上述主张，采用了 Univis 案中创设的两步法分析了这一问题。首先，Intel 销售给 Quanta 的零部件唯一合理的使用意图在于将其组装成电脑进而实施 LG 所拥有的涉案专利。正如最高院在判决中说到的一样："微处理器和芯片组如果不与总线和存储器连接就无法发挥功能。"[1] 其次，Intel 销售的零部件产品体现了涉案方法专利的权利要求的实质技术特征。特别地，最高院认定该专利权利要求的发明关键点就体现在微处理器和芯片组这些零部件中。电脑整机组装厂商的工作是将 Intel 的零部件组装成一个标准电脑整机，这仅仅是把其他的属于现有技术的标准零部件加入而已。当 Quanta 加入这些零部件时并不要求其作出任何创造性或者发明性的决定，因此，当 Intel 设计微处理器和芯片组时就已经实施了涉案专利，其所缺乏的只是加入一些其他标准零部件而已。由此可见，美国联邦最高法院在对待零部件的售出是否用尽成品上的专利时采取的并非德国法中的默示许可，而是直接认为零部件能够用尽关联产品上的专利权，是专利权权利用尽原则的体现。

在美国法下，也有学者认为，能在更宽泛范围内适用的默示许可可以在一定程度上覆盖掉权利用尽原则无法适用的部分情形，即被控侵权被告在其主张的权利用尽原则无法得到法院支持的情况下依然可以默示许可作为较为有效的替代抗辩方案。比如，权利用尽原则不允许购买者以购买的专利产品为模板制造新产品，但是被控侵权被告完全有可能主张存在默示许可允许其复制别人的产品。[2] 再比如，当 Univis 案所确定的适用权利用尽原则的 2 个条件之一的"实质性技术特征"无法满足时，被诉侵权人依然可以以默示许可作为有效的抗辩手段。具体而言，当售出的零部件不体现专利成品的实质性技术特征时，被诉侵权人依然可以关于该零部件的购买合同的唯一合理的目的在于使用其组装专利成品为由，对专利权人主张默示许可。[3]

同时，美国联邦最高法院于 2017 年 5 月底在 Lexmark 案中推翻美国联邦巡回上诉法院（CAFC）在 Mallinchrodt 案中的判决，并且彻底地重申了专利权穷尽的绝对性。在 Lexmark 案中，Lexmark 公司是美国生产

---

[1] Quanta Computer Inc., et al. v. LG Electronics, Inc., 553 U.S. 632.

[2] LANDERS A L. Understanding Patent Law [M]. 2 nd ed. LexisNexis, 2012: 502.

[3] RINEHART A S. Contracting Patents: A Modern Patent Exhaustion Doctrine [J]. Harv. J.L. & Tech, 2010, 23 (2): 483, 498.

制造打印机以及打印机墨盒的厂商，其出售的墨盒分为 2 种，一种是正常使用型墨盒，另外一种是价格上更加便宜的回收型墨盒。Lexmark 公司明确告知消费者价格便宜的回收型墨盒只能一次性使用而不能在使用完后转售他人。为了保证达到一次使用的目的，Lexmark 公司还在墨盒中安装了监控芯片。被告 Impression 公司向购买 Lexmark 回收型墨盒的消费者回收该类型墨盒装满墨水后在美国境内重新出售。于是，Lexmark 在联邦地区法院起诉 Impression 的销售行为构成专利侵权。Lexmark 认为，根据 CAFC 在 Mallinchrodt 案中的判决，由于自己在销售时已经明确禁止消费者的转售行为，这种情况下将不受到专利权用尽的限制，侵权行为应当成立。联邦地区法院认为售后限制性条件不影响专利权利用尽原则的适用。Lexmark 不服地区法院的判决，上诉至 CAFC。CAFC 在全席审理中适用其于 Mallinchrodt 案中创制的规则，认为 Lexmark 的售后限制条件是合法的，因此其专利权不会被穷尽，并推翻了地区法院的一审判决。

该案件最终上诉至美国联邦最高法院。美国联邦最高法院认为，当 Lexmark 选择将其专利产品销售给消费者时，其在该产品上的专利权就已经完全用尽，不管 Lexmark 规定了何种售后限制性条款。与德国、日本法院一样，美国联邦最高法院用保障商品自由流通和防止双重报酬理论来阐释权利用尽原则存在的合理性。由于专利权利用尽是绝对的、不能附加任何条件予以限制的，Lexmark 关于 Impression 侵犯其售出产品上的专利权的主张不会得到支持。对于 CAFC 认为权利完全用尽只是在无附加限制条件下的推定这一观点，美国联邦最高法院完全不支持。美国联邦最高法院摒弃英国法下默示许可理论的学说，认为专利权利用尽是对专利权的本质性限定，没有任何可以通过合同来明示限制其适用的余地。购买者违反限制性条款是合同法的问题，权利用尽是专利法的问题，两者之间并无交集。

在 Lexmark 案二审中，审理法院 CAFC 认为，既然法律规定，当专利权人通过许可合同来限制被许可人使用其专利的范围，并且被许可人违背合同中规定的限制条件实施超出合同范围的行为时，专利权人可以起诉被许可人侵权，那么专利权人在销售其专利产品时同样也可以在销售合同中规定限制性条件来限制购买者使用其专利的范围，并且在购买者违约时起诉其侵权，因为被许可人和购买者其实并没有什么区别。如果同样是违反合同中的限制性规定，专利权人可以起诉被许可人侵权，反倒不能起诉购买者侵权，这将人为创制两种行为间的不合理区别。美国联邦最高法院完全不同意 CAFC 的这种观点。美国联邦最高法院认为，许可行为和销售行为的性质和背后的政策考量完全不一样，不可等同。在许可合同中加入限制性条款并不会直接影响到商品的自由流通，但销售行为却并不如此。如果专利权人或其授权被许可人在销售其专利产品时依然附加售后限制性条件（比如禁止购买者转售该商品），会直接影响到商品在市场上的自由流通。但许可合同却完全不一样，许可合同只是改变专利权人垄断权利的范围而已：权利人通过许可合同承诺不排斥被许可人制造或销售其专利产品，进而增加了该专利产品的授权制造者和销售者俱乐部的成员数量。因为专利权人是在交易自己的专利权利，而非商品，所以可以自由地保留其不愿意交易的专利权内容。同时，美国联邦最高法院还认为，被许可人也可以在销售专利产品时给购买者附件限制性条件，但同样地，如果被许可人这么做，所售产品上的专利权依然在出售时完全用尽。购买者此时违反约定的行为如同专利权人自己销售给购买者的情形一样，被许可人只能寻求合同法上的违约救济。

案外人高通公司（Qualcomm Incorporated）在递交给美国联邦最高法院的法庭之友意见中指出，专利产品的销售价格不仅反映了转让产品本身的市场价值，也反映了产品上转让专利的价值。Lexmark 销售的回收型墨盒之所以价格比正常型墨盒要便宜，正是因为“仅供一次性使用”这一限制性条款使得转让的专利权有所保留，而由于回收型墨盒上转让的专利权不如正常型墨盒上的完整，其价格才会低于正常型墨盒的售价。但如果法院坚持认为权利用尽制度是绝对的、不能由合同自由限定，那么无论回收型墨盒还是正常型墨盒其反映的转让专利的价值都应该是相等的，此时 Lexmark 的销售策略将失去商业意义。那样，市场上将不再会有类似于回收型墨盒这种价格比正常型号便宜的产品。这显然对于市场上一些缺乏资金、倾向于使用廉价产品的用户（比如小型打印服务商）来说非常不利，因为他们不能再以低廉的价格享受到和正常型墨盒一样高质量的回收型墨盒了。所以，高通认为由于附加限制条款所售出的产品跟无任何附加条件的产品相比，市场决定前者价格要比后者低，因此专利权人就该售出产品由于专利权有所保留并未获得足够的报酬，专利权人依然可以就其未获报酬却被他人擅自使用的那部分专利权主张侵权赔偿。所以，专利权绝对用尽的观点将会破坏市场决定产品价值的作用，使得预算资金有限的消费者失去享受高质量产品的机会。然而，美国联邦最高法院反驳了这一主张。联邦最高法院认为，专利权只是保证专利权人就一件专利产品获得一次报酬的机会，而不考虑该报酬的具体数额。专利法并不保证专利权人能就其专利产品获得某个具体的价格，而只赋予专利权人何时决定销售自己专利产品的权利。一旦专利权人决定销售自己的产品，那么在销售时专利权人在售出专利产品上的全部专利权都将用尽，不论专利权人就该售出产品获得了多少报酬。

美国联邦最高法院最近的 Lexmark 判决案明确表明了美国与德国、日本等大陆法系国家一致，在对待专利权利穷尽原则的问题上采取严格的绝对穷尽制度。当专利权人或其授权被许可人售出其专利产品时，该产品上的专利权就完全耗尽。

（二）中国司法实践中已经对专利权人在售出零部件后专利权权利的行使，设定了限制和边界

北京市高级人民法院在其颁发的《专利侵权判定指南（2017）》中认为专用零部件的出售用尽了后续制造的整个产品上的专利权。《专利侵权判定指南（2017）》第 131 条第 3 款规定："专利产品或者依照专利方法直接获得的产品，由专利权人或者经其许可的单位、个人售出后，使用、许诺销售、销售、进口该产品的，不视为侵犯专利权，包括：……（3）专利权人或者其被许可人售出其专利产品的专用部件后，使用、许诺销售、销售该部件或将其组装制造专利产品；……"

也就是说，北京市高级人民法院认为专利产品的专用部件售出后，整个专利产品上的专利权都被全部用尽。即，在专用部件首次售出后，对于该专用部件组装的专利产品的制造行为不构成专利侵权。可以看出，北京高院同样认可，在专利权人或被许可人售出专用部件后，专利权人进一步行使专利权将受到限制。即，"专用"部件的售出，可以导致专利权在最终专利产品上的权利用尽。

中国现在关于售出专利产品的零部件能否穷尽整个产品上专利的案例很少，在这个问题上的司法案例发展依然不成熟。在 2013 年的东莞市精能针车机械有限公司诉启翔针车（上海）有限公司等侵害实用新型专利权纠纷案[1]中，涉案专利为"柱筒型缝纫机的送料装置"的实用新型专

---

[1] （2013）粤高法民三终字第 893 号。

利。被告从原告专利权人授权的经销处后合法购买针板座、中继齿轮、送料齿、罩壳等 4 个原告制造的产品零部件，并利用这些零部件制造了侵犯原告上述专利权的送料装置。广东省高级人民法院认为，该送料装置涉及的机器部件包括了针板座、中继齿轮、送料齿、罩壳、冠状齿轮、釜台座等在内的数十种构件，因此不能以个别部件系通过合法购买来否定精能公司实施本专利技术并进而构成侵权的事实。广东省高级人民法院认为专利权权利用尽原则指向的是专利产品整体的流通。具体到该案中，专利产品应该是一种柱筒型缝纫机的送料装置这一整体，而非该送料装置的具体某一个或某几个零部件。因此被告认为原告对被控侵权产品送料装置已权利用尽，没有法律依据。

可以看出，广东省级高级人民法院同样认为，权利人或被许可人对于零部件的出售并非绝对导致相关专利权在最终专利产品上的权利用尽。但需要注意的是，该案中针板座、中继齿轮、送料齿、罩壳等零部件并非用于组装制造该案专利产品的专用部件，这些零部件看上去更像是通用的缝纫机送料装置的零部件。所以，广东省高级人民法院与北京市高级人民法院对于零部件售出穷尽成品上专利权的行使问题，均设定了一定的边界。

对于相关零部件售出时，整个专利产品上的专利权的权利范围问题，最高人民法院在 2011 年的一个再审案件[1]中，曾经利用默示许可理论，对专利权人的权利范围进行了限制。

最高人民法院在该案中认为，“应当与专利权人订立书面实施许可合同”并非效力性强制性规定，未订立书面实施许可合同并不意味着必然不存在专利实施许可合同关系。因此，专利实施许可并不只有书面许可一种方式，默示许可亦是专利实施许可的方式之一。例如，如果某种物品的唯一合理的商业用途就是用于实施某项专利，专利权人或者经专利权人许可的第三人将该物品销售给他人的行为本身就意味着默示许可购买人实施该项专利。该案中，被控侵权被告福药公司生产硫酸依替米星氯化钠注射液的原料药购自专利权人与他人合资设立的企业方圆公司或得到专利权人许可的第三人山禾公司。最高人民法院认为，虽然硫酸依替米星原料药本身不属于该案专利保护范围，但如果硫酸依替米星原料

---

[1] 申请再审人江苏省微生物研究所有限责任公司与被申请人福州海王福药制药有限公司、一审被告辽宁省知识产权局、一审第三人辽宁民生中一药业有限公司、常州方圆制药有限公司专利侵权纠纷处理决定案［（2011）知行字第 99 号］。

药唯一合理的商业用途就是用于制造该案专利产品，那么专利权人自己建立的企业或者经专利权人许可的第三人销售该原料药的行为本身就意味着默示许可他人实施专利。由此可见，最高人民法院非但认可专利默示许可的效力，而且在判决中明确表达了以下观点："如果某种物品的唯一合理的商业用途就是用于实施某项专利，专利权人或者经专利权人许可的第三人将该物品销售给他人的行为本身就意味着默示许可购买人实施该项专利。"

综上所述，最高人民法院认为以售出产品作为零部件制造专利产品的行为构成默示许可，而且必须满足该零部件唯一合理的商业用途是用于实施该专利的条件才能成立默示许可。

（三）在专利权人售出零部件后对其专利权权利的行使设定限制和边界符合我国整体法律体系的价值导向和专利法立法的政策目的

1. 我国法律体系下，严格排斥限制商品自由流通的行为，在专利权人售出零部件后对其专利权权利的行使设定限制和边界与我国物权法的立法精神一致

如前所述，设立专利权权利用尽原则的目的之一，就在于保证蕴载相关专利技术的产品在一次售出后，其流通不再受到不合理限制。专利权人所拥有的专利权虽然是无形的财产权，但是它需要依然需要有形物品这一载体来具现。专利权人制造具现其专利的产品并且自己持有它时，该产品上的物权和其具现的专利权由于是同一个主体而不会产生利益冲突。然而，一旦专利权人或其授权的被许可人在市场上首次销售了该专利产品、实现了物权转移之后，该产品上的物权人和专利权人就不再是同一个主体。此时，如果专利权人的专利权依然延及该产品，也即依然能够对首次流通后的产品的使用或者再次流通加以控制的话，那么势必会与该产品的新物权人（购买者）在产品上的物权利益产生冲突。因此，需要在法律上引进新的机制来解决这一冲突，平衡双方利益。故专利权权利用尽原则实质上是为了解决专利权的垄断性与有形商品的自由流通之间的冲突。这种利益冲突，表象上来看只是专利权人和购买者两个特定个体之间的利益冲突，但由于蕴载专利权的有形商品的物权所有人具有普遍性（一般社会公众），因此实质上所要解决的是专利权人与一般社会公众之间的利益冲突，即专利权人与公众利益之间的冲突。保证实体物权的自由流转，也是确保商事交易稳定的重要手段之一。专利权作为

法律拟制的无形财产权利，其设置目的在于促进创新。但该目的是手段而不是终极目标。当专利权利的行使与物权的行使发生冲突时，必须对专利权利的行使设定界限与范围。

结合我国法律体系整体来看，我国作为大陆法系国家，更加重视对物权的保护，物权法定优先于意思自治，严格排斥对商品自由流通的限制。保护商品自由流通的立法政策深深植根于我国法律体系之中。具体而言，我国《物权法》第5条规定："物权的种类和内容，由法律规定。"该条款规定了著名的"物权法定"原则，即物权的种类、内容、效力和公示方法等都必须由法律直接规定，不能由当事人基于其自由意志而协商创设或者改变。换言之，物权的内容，包括使用、转让、处分等权能，不能由当事人通过合同方式来排除或者限制其适用范围或条件。比如说，《物权法》第39条规定："所有权人对自己的不动产或者动产，依法享有占有、使用、收益和处分的权利。"该条款创设了所有权这一物权种类，并且规定了其物权内容，包括占有、使用、收益和处分4项物权权能。其中处分权能是指物权人可以按照自己的意志转让、放弃其享有的物权。由于上述《物权法》第5条"物权法定"原则的规定，《物权法》第39条中所有权内容之一的处分权能是不能通过当事人基于其自治意思订立的合同加以限制的，因此，当房屋所有权人与买受人订立房屋买卖合同时，如果双方在合同中明确规定了买受人在取得该房屋所有权后不得将该房屋再次转让给他人的条款，那么该条款不发生物权效力。当买受人取得该房屋所有权后，如果买受人再次将房屋转让给第三人，第三人不会受制于原所有权人与原买受人之间的合同限制，在满足不动产取得的法定要件后当然取得该房屋的所有权。原房屋所有权人无法根据该房屋买卖合同条款保留涉及处分权能的部分所有权，进而主张原买受人再次转让房屋的行为侵犯其该部分所有权。此时，原所有权人只能就原买受人的违约行为寻求合同法下的救济途径。由此可见，我国立法政策给予了商品自由流通极大的保护强度，在物权法领域明确禁止了通过合同来限制商品自由流通的行为。

因此，从保障商品自由流通的角度出发，专利权人售出专用零部件的行为，应当导致其专利权行使受到限制。

2. 在专利权人售出零部件后对其专利权权利的行使设定限制和边界可防止专利权人就在某一产品上具现的专利权获得双重甚至多重报酬

在专利权人售出零部件后对其专利权权利的行使设定限制和边界的

另外一个重要作用是防止专利权人就在某一产品上具现的专利权获得双重甚至多重报酬。通常专利权人就其获得的某一专利，付出了一定的研发成本。因此，为了收回这一成本，专利权人在售出具现该专利的商品时，在销售价格上会考虑到该成本，或者说体现该专利权的应有价值。因此，一个专利产品的市场价值，不仅仅反映了该产品的原材料、制造以及销售等成本，也同样反映了专利权人为了获取该专利所付出的研发成本，这种成本恰恰就是赋予专利权人专利权垄断权的意义所在。专利法为了激励发明人投入一定研发成本进行发明创造，给予其专利权这一限定期限的垄断权作为回报。因此，专利产品价格上所体现的研发价值部分，就等同于专利这一垄断权利的回报价值。故专利权人在首次售出具现其专利的产品时，就已经获得了专利法赋予其所应得的报酬。如果在专利产品售出后，专利权人依然可以就该产品购买者后续的使用、再次转让等行为主张专利侵权获得赔偿，那显然会一而再、再而三地获得更多溢出的报酬，这显然与专利法的立法初衷相违背。专利权人只能在具现其专利的每一件产品上获得一次报酬，而该报酬已经在首次售出该产品时得到了满足。所以，专利权利穷尽原则合理性的第二个重要理由是为了防止专利权人获得不当的、溢出的回报利益。

我国《专利法》第 1 条规定："为了保护专利权人的合法权益，鼓励发明创造，推动发明创造的应用，提高创新能力，促进科学技术进步和经济社会发展，制定本法。"这一条从表面上看规定了专利法两个"并列"的立法目的："保护发明人合法权益"和"促进科学技术进步和经济社会发展"。但通过对中国专利法立法史的考察，将专利视为科技进步与经济发展的手段的功利主义主导着立法。万里同志在《专利法》立法前就专利法的立法目的进行了清晰的阐释："一是便于发动大家搞发明创造；二是便于迅速推广应用技术发明；三是便于引进外国的先进技术。"由此可见，我国是功利主义的法学思想主导着专利法立法。"保护发明人合法权益"和"促进科学技术进步和经济社会发展"并非两个并列的立法目的，而是有主次之分。"保护发明人合法权益"更多的是作为一种中间手段，为最终目的"促进科学技术进步和经济社会发展"而服务，而"鼓励发明及其应用"则体现的是社会公共利益。此外，我国作为社会主义国家，社会公共利益一向较之专利权人的特定个人利益更受重视。所以，在我国专利法中，赋予专利权人一定期限的排他性垄断权，目的是为了激励专利权人去创造更多的发明，最终丰富公众的思想、精神生活，从而促进整个社会经济的发展。

具体到本文所关注的问题中，当专利权人的专利排他权与社会公众之间的物权利益产生冲突时，我们在作出取舍时应当优先考虑社会公共利益这一高阶利益。如果在专利产品首次合法售出之后，专利权人依然可以对该产品后续的使用、转售等行为加以控制并再次或者多次盈利的话，那么势必会妨碍到社会普通公众行使在该产品上的物权权利，并且限制到商品的自由流通，对整个市场会造成不利的影响。因此，这必然要求专利权人在售出零部件后，其专利权的行使要受到限制。

四、结　论

专利权人在出售产品的同时进行专利许可是非常常见的商业模式。促进创新、保证实体经济的正常发展要求对专利权的行使范围进行相应的限制。当专利权人出售的产品为制造终端产品的组件时，专利权用尽的情形可以区分为两种。在第一种情形下，专利权人出售的组件本身是专利产品，但该专利产品在售出后会作为组件制造另一产品。我国立法和司法实践中，利用合法售出的专利产品作为零部件或者中间产品去制造另一产品的行为属于对作为零部件、中间产品的专利产品的使用行为。因此，既然是使用行为，在满足是从专利权人或其授权被许可人处合法购得这一条件后，自然应当适用权利用尽原则，此时专利权人不得主张购买者的这一“制造”行为构成对其专利权的侵犯。

对于另外一种更为复杂的利用——从专利权人或其授权被许可人处购买的零部件或者中间产品去制造另一产品的情形，无论是在我国，还是在其他法域，均认为当专利权人或其授权被许可人售出专用零部件或者中间产品后，专利权的行使将会受到限制。具体在我国法律框架下，是在专利权权利用尽原则下，还是在默示许可原则下对专利权的行使进行限制，还有待我国司法实践的进一步探索。但可以肯定的是，假如零部件已基本包含相关专利权所要求保护的技术特征时，即该零部件为专用的，或该零部件唯一合理的商业用途是用于实施该专利，专利权人则不能再依据其专利权进一步主张权利。

专利未实施或未充分实施情形下强制许可的研究*

肖　鹏[1]　姜　晖[2]

摘　要

本文通过“实施不充分条件下专利强制许可”的国际典型案例分析，总结经验启示；同时针对专利实施强制许可使用费这一关键难点问题，总结世界各国费用计算方法和标准，为我国强制许可使用费的裁决提供参考依据；三是分析我国相关法律、法规的概念内涵，就我国实施不充分条件下强制许可相关问题提出意见建议。

关键词

专利　强制许可　实施不充分　使用费

* 本文系国家知识产权局组织的“专利强制许可”专项课题研究子课题的部分研究成果。

[1] 作者单位：国家知识产权局专利局化学发明审查部。
[2] 作者单位：国家知识产权局专利局医药生物发明审查部。

引　言

自1883年《巴黎公约》签署以来，作为防止专利权滥用的重要手段，专利实施强制许可一直是国际政治、经济中的热点话题之一。《巴黎公约》第5条A部分所确定的专利强制许可的理由和条件，不仅被后来的TRIPS所继承和接受。❶ 在各国的专利法规中得到广泛体现。❷

近年来，为了解决公共健康问题，专利强制许可在各国频繁实施。例如，2007年前后巴西、泰国对默克公司抗逆转录病毒药物Efavirenz专利都颁布了强制许可，南非、津巴布韦、马来西亚、印度尼西亚、莫桑比克、赞比亚、厄立特里亚、加纳、肯尼亚和厄瓜多尔等国家都颁布过对药品专利的强制许可。为了最不发达国家卢旺达治疗艾滋病的需要，2008年加拿大对拥有治疗艾滋病的3种专利药物颁发了强制许可。

专利强制许可的各项理由中，基于不实施或未充分实施理由提出的强制许可（以下简称“实施不充分条件下的强制许可”）更加体现专利制度的促进技术传播利用的根本目的。因此，研究实施不充分条件下的强制许可具有重要意义。

据不完全统计，截至2013年，世界各国的强制许可案件数量约70余件（见表1和表2）。

表1　世界主要国家或地区专利强制许可案件统计　　单位：件

	阿根廷	巴西	德国	法国	韩国	荷兰	加拿大	马来西亚	美国	欧洲	泰国	意大利	印度	印尼	中国台湾	总计
从属专利						2										2
反垄断			1						12	1						14
公共健康危机	1	5			1		1	1			7			2	1	19
公共利益			1													1

❶ 参见TRIPS第2条第1款、第31条。

❷ 参见《德国专利法》第24条、《法国知识产权法典》L. 613-11、《日本专利法》第83条、《韩国专利法》第107条、《瑞典专利法》第45条第1款、《印尼专利法》第75条、《印度专利法》第16章第83～97条以及第17章、中国《专利法》第48～58条等。

续表

	阿根廷	巴西	德国	法国	韩国	荷兰	加拿大	马来西亚	美国	欧洲	泰国	意大利	印度	印尼	中国台湾	总计
美国联邦最高法院对核准专利禁令的新标准									6							6
涉及 Bayh-Dole 法案规定的介入权（March-In right）									4							4
实施不充分				1									4			5
为极不发达国家生产和出口药品							4			1						5
未达成许可协议而请求强制许可							1									1
药品出口							1					1				2
药品可及性			1	1	1		1					2			1	7
依据 28 USC 1948，政府使用									4							4
应对 GATT 实施导致的美国专利保护期延长									1							1
总计	1	5	3	2	2	2	8	1	27	2	7	3	4	2	2	71

表 2　专利强制许可国家或地区技术领域分布统计　　单位：件

	阿根廷	巴西	德国	法国	韩国	荷兰	加拿大	马来西亚	美国	欧洲	泰国	意大利	印度	印尼	中国台湾	总计
电视									1							1
电子商务									1							1
飞机制造									1							1
化工			1													1
化学						1										1
计算机									1							1
其他						1										1
汽车									1							1

续表

	阿根廷	巴西	德国	法国	韩国	荷兰	加拿大	马来西亚	美国	欧洲	泰国	意大利	印度	印尼	中国台湾	总计
软件									3							3
所有										1						1
通信									2							2
外科手术									1							1
医疗诊断									1							1
医药	1	5	2	2	2		8	1	15	1	7	3	4	2	2	55
总计	1	5	3	2	2	2	8	1	27	2	7	3	4	2	2	71

统计结果表明：

• 尽管美国等发达国家是科技创新最活跃、知识产权最严密的国家，但同时也是通过运用专利强制许可防止专利权滥用最活跃的国家。美国❶、加拿大等发达国家的专利强制许可的数量占到了全球案件总量的50%以上。

• 在专利许可案件的技术领域分布上，药品与医疗技术的专利强制许可案件数占到了80%以上，即便在美国，药品专利的强制许可与占到了约50%（参见表2）。

• 在强制许可的理由方面，全球的专利强制许可的主要理由集中在公共健康危机、药品可及性，以及向最不发达国家出口药品等方面，但在美国，则主要是依据最高法院的禁令、以及政府使用等理由颁布专利强制许可。

上述各种强制许可的理由在各国都有具体法律实践，但有关以“未实施或未充分实施”为由颁布的专利强制许可的案件，直到2012年，印度针对Bayer公司治疗肝癌和肾癌的药物NEXAVAR ®（索拉菲尼）的专利以实施不充分为由颁发强制许可，许可给印度本土公司NACTO，成为以该理由颁布强制许可令的唯一成功案例。本文主要以印度相关案例为基础，研究“实施不充分条件下专利强制许可”理由下专利强制许可实施的特点和规律。

❶《美国专利法》中并没有专门的“专利强制许可”的章节条款，但是美国的许多国内法允许对专利颁布强制许可。

一、颁发强制许可的条件及程序

鉴于印度是世界范围内唯一以实施不充分为由颁布专利强制许可的国家，因此，系统地研究分析印度的相关法律规定，以及典型案例，对于实施不充分条件下的专利强制许可的运用实施具有重要意义。

（一）印度专利法及细则的相关规定

《印度专利法》规定的强制许可的情形包括 6 类：一是授权之日起 3 年内无正当理由未实施或充分实施其专利；二是国家紧急状态或非常紧急情况；三是出口专利药物；四是从属专利；五是专利权的行使构成反竞争行为；六是政府使用。❶

此外，《印度专利法》第 85 条还规定可以基于已授权专利未充分实施为由请求撤销该专利权。

1.《印度专利法》的立法目的

《印度专利法》第 83 条规定了适用于发明专利的基本原则，包括授权的目的不仅仅是授予发明人垄断的权利，更重要的是鼓励发明创造、促进技术进步和传播，确保在印度境内以商业规模充分实施而不得拖延，不能妨碍公共健康，专利权不得滥用，专利技术应以合理且能够承受的费用提供给公众。

2. 强制许可的理由

《印度专利法》第 84 条规定未实施或未充分实施是强制许可的理由；第 91 条规定对在前或在后依存专利进行强制许可的情形；第 92 条规定了国家紧急状态或、紧急情况及非商业利用的情形下的强制许可；第 92A 条规定了为药品出口而颁布强制许可；第 17 章规定，出于行政治理目的政府有权使用专利权人的专利技术，专利权人可以获得合理的补偿。

3. 以未实施或者未充分实施为理由的强制许可

《印度专利法》及其细则对基于未充分实施为理由的强制许可规定了详细的实体理由和程序要件，其中有很多值得研究和借鉴的内容。这些规定保证了专利实施强制许可请求能够顺利审查。

---

❶ 虽然印度专利法独立于强制许可以外，另立第 17 章对政府使用作出规定，但其政府使用的性质和方式与强制许可类似，故将其视为强制许可的情形之一。

《印度专利法》第 84 条第 1 款规定了未充分实施的认定标准，分为 3 种情形，一是公众合理要求未能得到满足；二是专利产品未能以合理价格向公众销售；三是该专利未能在印度得以实施。下面逐一进行分析。

《印度专利法》第 84 条第 1 款 a 项规定："在与专利有关的公众的合理要求未能得到满足的情形下，任何人都可申请强制许可"。印度政府专利管理部门负责人有确定"公众的合理要求是否未能得到满足"的权利。这种确定建立在一定的条件之上。例如，当专利权人拒绝授予自愿许可时，如果印度政府专利管理部门负责人查明印度的现有工业和贸易或者新工业和贸易或者任何印度人的贸易和生产因此而受到损害时，那么印度政府专利管理部门负责人就可以作出"公众的合理要求未能得到满足"的决定。《印度专利法》第 84 条第 1 款 a 项还规定：当专利权人的行为涉嫌构成反竞争时，任何人都可提起强制许可申请。[1] 例如，专利权人授予自愿许可时，如果他强加一些要求，就可认为他的行为涉嫌构成反竞争，包括：坚决要求专利专有销售权、阻碍提起专利异议、强加附加条件和要求等。该规定被认为是充分适用 TRIPS 灵活性条款的表现。

《印度专利法》第 84 条第 1 款 b 项规定：当专利产品未以合理价格向公众销售时，任何人都可申请强制许可。该节并未明确界定"合理价格"的涵义，它应该依据各个案件的具体情形来界定。强制许可请求人负有举证义务。他应该出具专利权人的专利药品在印度的销售价格证据，他还负有将该价格同印度同类非专利药品价格相比较并出具相关证据的义务。[2]

专利权人在印度境外的相同药品价格也是他应该出具的相关证据。专利权人享有依法提出异议的机会和权利。当然异议必须有相应的证据佐证。

《印度专利法》第 84 条第 1 款 c 项规定：当专利未能在印度得到实施时，任何人都可对该专利申请强制许可。该规定极有可能引起一些跨国制药公司的反对。如果专利药品的"进口"不被该节认为是专利在印度得到了"实施"，那么当一些跨国公司在印度境外生产其专利药品，然后

---

[1] BASHEER S. India's Tryst with TRIPs: The Patents (Amendment) Act 2005 [J]. Indian Journal of Law and Technology, 2005 (1).

[2] BALASUBRAMANIAN R. Novartis AG v. Adarsh Pharma, 2004 (29) P.T.C. 108 [EB/OL]. (2004-04-28) [2012-06-19]. http://www.indiankanoon.org/doc/1454766/.

将这些药品进口到印度境内销售时，这种情形可能是任何人申请强制许可的依据之一。

根据第 84 条的规定，获得强制许可者有许多权利。他不但可以与专利权人在该专利药品的生产和销售上展开竞争，而且在专利权人没有将该专利投入实施时，他还有权实施该专利。如果专利权人在获得专利后两个月内未能将该专利在印度投入实施，那么该专利权人的行为视为违法，构成“未能及时使用专利”。任何人都可以以该专利权人为被告提起诉讼。

《印度专利法》第 84 条规定：印度政府专利管理部门负责人受理强制许可申请并且负责依法作出是否授予强制许可的决定。

印度政府专利管理部门负责人授予强制许可的条件一般有 4 个：

① 发明的性质。自从专利被授予以来该专利未能得到实际应用；

② 强制许可请求人将该发明投入应用时的能力；

③ 强制许可请求人在获得强制许可后是否存在着资金风险和使用发明风险；

④ 强制许可请求人是否已经与专利权人以合理条件进行过磋商，并且该磋商在政府专利管理部门负责人所认为的一定的合理期限内未获成功。该合理期限一般以不超过 6 个月为准。

《印度专利法》第 84 条之所以作出这样的规定，其目的在于防止专利权人故意拖延磋商的时间。

此外，《印度专利法》还规定：印度不应该仅仅为了使专利权人对其专利享有专有销售权而授予专利。《印度专利法》第 84 条第 1 款 c 项与第 84 条第 1 款 a 项具有相互影响的作用。《印度专利法》第 84 条第 7 款在对“视为未满足公众的合理需要”的情形进行了更具体的规定。其中 a 项 (i)、(iv)、b 项所规定的“歧视性待遇”，e 项规定的不正当竞争，e 项规定的“本国实施受到进口行为的妨碍”，都构成“未满足公众的合理需要”，可以提出强制许可请求或撤销专利请求。

（二）典型案例分析

1. 索拉菲尼专利的强制许可

2011 年 7 月印度仿制药公司 Natco Pharma Ltd 向印度专利局递交申请，请求对拜耳制药公司的索拉菲尼的药品专利颁布强制许可。索拉菲尼是 2008 年 6 月在印度获得专利授权（专利号 215758）。

2012年3月印度专利局受理了Natco公司的申请，并查明拜耳制药公司仅为符合条件患者中的3%提供该药物，远远没有满足公众的需求。在过去的4年中，患者使用专利药索拉菲尼每月的治疗费用约28万卢比（约合3万人民币），而印度的人均国民收入每年约1200美元（约合7万卢比），[1] 患者无法负担昂贵的治疗费。因此，印度专利局认定按照《印度专利法》第84条的规定，拜耳的专利药索拉菲尼没有满足公众的合理需求，没有以合理的、公众可负担的价格提供给患者，该发明没有在印度实施。[2] 因此，印度专利局对索拉菲尼专利颁发了强制许可，补偿费为强仿药品净销售额的6%，按照季度结算。

拜耳制药公司不服，向印度知识产权上诉委员会（IPAB）提出了上诉。IPAB维持了印度专利局的强制许可决定，但将补偿费由净销售额的6%提高的7%。拜耳公司后又向孟买高等法院提出了上诉，但仍然败诉。拜耳公司向印度最高法院提出上诉，但最高法院驳回了其上诉申请，拒绝对印度高院的判决进行再审。

（1）案件主要程序节点（见表3）

表3　印度索拉菲尼制许可案主要事件时间表

2008年3月3日	专利授权
2010年12月6日	强制许可请求人（简称申请人）请求专利权人给予自愿许可
2010年12月27日	专利权人明确拒绝了Nacto公司的自愿许可请求，并请求Nacto公司给专利权人14天的时间考虑是否提出了其他意见
2011年7月29日	在授权满3年后，申请人Nacto提出强制许可请求
2011年8月9日	该案满足《印度专利法》第87条第1款“表面确凿案件（prima facie case）”的规定，申请进入审批阶段
2011年8月12日	申请人已将强制许可请求副本转交专利权人，该强制许可申请已经在官方出版物中公开
2011年8月23日	专利权人请求延期1个月以便提出异议，得到批准

---

[1] 2014年印度人均国民收入74380卢比。

[2] 后来，IPAB对“在印度实施”是否包括进口的解释比较含糊：有些情况包括，有些情况不包括，要视个案情况而定。

续表

2011 年 10 月 7 日	专利权人提出“中止请求（interlocutory petition)”，以便等待法院就 Cipla 制药公司侵犯该专利权的判决
2011 年 10 月 27 日	专利局驳回了专利权人提出的中止请求
2011 年 11 月 18 日	专利权人向专利局强制许可请求提出异议
2011 年 11 月 22 日	举行私人听证会
2012 年 1 月 13 日	举行听证会
2012 年 2 月 27 日	为了保持公正并充分听证，将双方当事人提交其他证据的时间延期至此日
2012 年 3 月 4 日	专利局同意申请人递交强制许可申请，同日签发决定授予 Nacto 强制许可，专利许可费为该药品净销售额的 6%
2012 年 5 月 4 日	专利权人向印度知识产权上诉委员会请求复审，并要求暂停强制许可决定的执行直到复审决定作出
2012 年 9 月 14 日	上诉委员会驳回了专利权人请求暂停强制许可的请求，同时确定要举办听证会
2013 年 3 月 4 日	上诉委员会在听取了各方意见后，维持了专利局的强制许可决定，但将专利许可费由 6%提高至 7%
2013 年 7 月 15 日	印度孟买高级法院维持了上诉委员会判决
2014 年 12 月 12 日	印度最高院驳回拜耳公司的上诉请求

（2）强制许可请求人的资格

印度专利局认定 Natco Pharma Ltd 为著名仿制药企业。

在 2011 年 7 月 29 日申请强制许可前，于 2011 年 4 月获得了该药的药品生产许可。

需要说明的是，印度药品上市许可审批过程中没有设立药品专利链接制度，他人的专利权不会成为仿制药企业获得仿制药上市许可的障碍。[1] 印度新药上市申请的行政审批时间平均为 12～18 个月。[2] 为了加快新药临床试验审批时间，2006 年印度药品和化妆品细则进行了修改，将

---

[1] MITTAL A. Patent Linkage in India：Current Scenario and Need for Deliberation [J]. Journal of Intellectual Property Rights，2010，15：187-196.

[2] VISHAL P.，et al，A Review of Drug Approval Process for US，Europe and India [J]. International Journal of Drug Regulatory Affairs，2014，2 (1)：1-11.

临床试验分为A和B两类。A类临床试验指在药品上市行政审批制度健全的其他国家进行的临床试验，在美国、英国、瑞士、澳大利亚、加拿大、德国、南非、日本和欧洲批准后，印度A类临床试验的审批采用快速通道，一般在8周内批准。B类临床试验为上述9个国家或地区以外的其他国家或地区批准的临床申请。对B类临床试验申请的审查得较为详细，一般在16～18周内批准。[1]

（3）强制许可请求人提出的理由和证据

在该案中，强制许可请求人Natco公司提出的理由是依照《印度专利法》第84条的规定，即（a）公众对该授权专利的合理需求没有得到满足；（b）该授权专利没有以合理的、可负担的价格提供给公众；及（c）该授权专利没有在印度境内实施。采用的证据为WHO等官方的数据及公开出版的文献，并提供了专家证言。

① 相关专利药品的供应没有满足公众的合理需求

GLOBOCAN 2008（世界卫生组织GLOBOCAN项目公开出版物）公开的数据（参见表4）表明在印度肝癌患者约2万人（14516男性，5628女性），肾癌患者约8900人。90%的肝癌患者为晚期。假设80%的肝癌患者需要索拉菲尼，则有16000名患者。与专利权人提供的实施声明[2]中的需求相比，明显无法满足公众的需求。

表4　索拉菲尼专利实施状况说明

	患者总数	80%患者的人数	每月需要药品瓶数	进口瓶数（2008）	进口瓶数（2009）	进口瓶数（2010）
肝癌	约20000	约16000	约16000	0	约200	未知
肾癌	约8900	约7120	约7120			

② 专利权人在印度进口和销售药品，但没有在印度制造药品，没有充分实施发明。药品价格昂贵，大多数患者无法获得。药品的供应量有限。仅在Mumbai、Chennai、Kolkata和Delhi的医院（与医院相关的药店）供应。得到该药品的患者不到1%。

③ 专利权人于2005年获得药品上市许可，在2006年左右该药品进

---

[1] MULAGE S S, et al. Procedure for Drug Approval in Different Countries: A Review [J]. Journal of Drug & Threapeutics, 2013, 3 (2): 233-238.

[2] 《印度专利法》规定，专利权人应当提交专利实施状况的说明。

入全球市场。每年全球销售额快速增长。该药品的销售数据如表 5 所示。

表 5　索拉菲尼销售数据汇总表

	2006	2007	2008	2009	2010
全球年销售额/美元	1.65 亿	3.717 亿	6.778 亿	8.435 亿	9.34 亿
在印度销售额	0	0	0	1.6 亿卢比（约 242 万美元）	无数据

专利权人在 2000 年递交印度专利申请，2008 年专利授权，该药品直到 2009 年才在印度上市。数据明确表明专利权人忽视印度市场，截至 2011 年专利权人没有满足《印度专利法》的要求。

④ 专利权人仅进口该药品到印度，其本身没有在印度生产该药品，而该专利权人确实在印度制造和销售了其他药品。近三年该药品在全球的销售额超过 24.54 亿美元，而在印度的销售不超过 3200 万～4000 万美元。

⑤ 专利权人声称 Cipla 制造和销售侵权产品，Cipla 的药价为 30000 卢比而专利权人的药价为 280000 卢比，Cipla 的廉价销售使专利权人无法销售足够数量的药品。而强制许可请求人认为 Cipla 的销售是毫不相关的。这是因为：市场对索拉菲尼的需求应由专利权人满足，而不是第三方，且 Cipla 的销售不体现在专利权人递交的实施声明中，也不体现在专利权人的年盈利中，这清楚表明 Cipla 的销售与此无关；Cipla 面临侵权诉讼，其销售的侵权产品不应加以考虑；Cipla 随时会因侵权而被禁止生产和销售该药品，Cipla 对该药品的供应会彻底停止。公众不能依赖于这种不确定的药品供应。

此外，法律的要求不仅仅是给市场提供该药品，而是让公众能够以合理用量获得该药品。这样发明才能真正给公众带来福祉。如果药价高昂到了每月 280000 卢比，药品可及性无从谈起。

⑥ 药品价格高使公众无法获得药品，背离了专利法立法本意。

在听证阶段，强制许可请求人还递交了 2 份公开文献，举证药品可及性的评价方式。

a. Shanti Mendis et al，“The availability and affordability of selected essential medicines for chronic diseases in six-low and middle income countries（六个中低收入国家治疗慢性疾病的基本药物的可及性和可负担性）”，Bulletin of the World Health Organization，April 2007，85（4）；

b. Laurens M. Nien et al，“Quantifying the Impoverishing Effects of Purchasing Medicines：A cross-Country Comparison of the Affordability of Medicines in the Developing World（药品购买力枯竭的定量研究：发展中国家药品可及性的交叉比较）”，PLOS Medicine，August 2010，Volume 7，Issue 8。

强制许可请求人还提交了Mr. James Packard Love的证言，James先生是位于美国华盛顿的非营利组织Knowledge Ecology International（国际环境科学组织）的总裁，他同时是Trans-Atlantic Consumer Dialogue（TACD）Policy Committee（大西洋消费者对话政策委员会）知识产权专业委员会的副主席。James先生是WIPO、WHO、WTO、UNDP（联合国发展项目）、UNCTAD（联合国贸易和发展论坛）、联合国人权组织、民事权利国际法海牙论坛、UNITAID、世界银行以及其他多边或区域组织的知识产权问题专家和顾问。James先生还是一些国家的知识产权顾问，包括南非竞争委员会（主要为AIDS病药物价格提供知识产权问题咨询）。他宣誓作证世界银行评估2010年印度的人均国民经济总收入为1330美元，约合60455卢比。该药品目前的价格破坏了成本效益理念。James先生还提出Bayer在FDA以孤儿药提出新药申请，享受50%的税收减免，大大降低了研发费用。而Bayer并没有公开实际免税金额，怀疑Bayer夸大了研发投入，因此Bayer应公开该药的投入和利润信息。

（4）强制许可的条件

① 强制许可请求人的请求

a. 制造和销售索拉菲尼的权利限于印度境内。

b. 许可的产品仅用于肾癌或肝癌患者。

c. 专利权使用费按照专利局决定的比例支付。申请人提交了成本利润分解表（见表6），请求专利权使用费应按照强制许可请求人的利润按比例支付。

表6　索拉菲尼成本利润分解表

项目	金额/卢比
最高零售价（M. R. P.，包括销售税）	8900

续表

项目	金额/卢比
批发商、经销商和零售商利润（约占最高零售价的30%）	2670
索拉非尼的制造成本	4856
批发价	6105
制药公司利润	1250

d. 建议先以每片74卢比的价格销售，每月患者的治疗费用是8800卢比。

e. 申请人承诺每年向至少600位患者免费提供药品。

② 专利权人提出的强制许可条件

a. 该非独占性许可包括制备索拉非尼甲苯磺酸盐（Nexavar的API）、制备其片剂、为了治疗HCC和RCC患者而销售；所有的权利不能转让并仅限于强制许可请求人（无权再许可、转让或授权给他人）并且仅限于印度境内（无权出口或进口）。

b. 该许可不包括对公众或私人明示如下内容的任何权利：被许可人的产品与许可人的产品相同，或者许可人与被许可人的产品有任何联系。被许可人的产品必须与许可人的产品有明显区别（例如，颜色和/或形状）；名称必须有明显区别，且包装必须明显区别。专利权人不许可任何版权或商标权，且不提供法律、法规、医学、技术、制造、销售、上市或任何其他形式的支持。

c. 提高价格，未在印度所有的省上市，未给贫困患者免费提供该药品，这些都视为对该许可的实质违背。

d. 强制许可请求人独自并唯一地负责其产品以及所有相关产品责任，并要让专利权人、其负责人、经理、雇员、代理人和分支机构免受与强制许可请求人行为带来的或者与其相关的任何和所有损害。强制许可请求人应投保，投保金额足以赔偿上述损害（1千万美元），并根据请求提供证明此种保险赔偿的证明文件。

e. 专利权使用费为净销售额的15%，以美元支付。没有阶段式付款的时间点或者最小保证金，但是也不能余款，不能扣减任何其他费用，不能将专利权使用费付给第三方。

f. 许可期限至下述之一事件发生之时：（a）相关政府部门决定强制

许可的条件不再存在；或者（b）印度专利 215758 保护期届满。该协议在以下事件发生时终止：（a）强制许可请求人违背了任何期限、继承或担保，如果这些违背行为未在 30 天内改正；或者（b）强制许可请求人破产。

g. 对专利权人现在或将来拥有的其他专利权没有附加的隐含许可（implied licenses）。没有有效性或者可实施性的请求或者理由。专利权人没有责任必须对第三方侵权提出诉讼。

h. 强制许可请求人不能直接或间接地以任何形式请求无效印度专利 215758。

i. 专利权人可以自由作出去希望做的与剩余专利权相关任何事情，包括给强制许可请求人非独占性许可、与强制许可请求人自由竞争以及许可给第三方与强制许可请求人竞争。

j. 该许可应包括对于工业而言常规的其他条件（例如，记录、报告、卢比兑换为美元、补偿细节等）。

③ 印度专利局强制性许可决定

按照 1970 年《印度专利法》第 84 条的规定向 Nacto 制药有限公司颁布拜耳公司专利号 215758 的强制许可。期限和条件如下。

a. 该强制许可下销售的专利保护的药物的价格每盒 120 片不超过 8880 卢比，为一个月的治疗量。

b. 该许可将以适当的方式维持销售等的量，并应向专利局局长和许可人每季度报告销售的详细情况，报告日为该季度下月的 15 日前。

c. 被许可人仅在其工厂拥有该药品的生产权，不能以任何方式许可他人生产。

d. 该许可是非独占性的。

e. 该许可是不能转让的。

f. 被许可人应每季度以该药品净销售额 6%的比例支付专利权使用费，支付时间为每季度下个月的 15 日或之前。

g. 该许可授予的权利为仅在印度境内制造、使用、许诺销售和销售该药品，且仅用于治疗 HCC 和 RCC 患者。

h. 被许可人应每年至少向 600 名需要的患者免费提供该药品。被许可人应以书面形式每年向专利局报告这些患者的详细材料，包括患者的姓名、住址，治疗医师的姓名。此报告应在每年的 1 月 31 日前递交。

i. 被许可人不应拥有进口该专利药品的权利。

j. 该许可在专利保护期内有效（The license is for the balance term of the patent）。

k. 该许可不包括对公众或私人明示如下内容的任何权利：被许可人的产品与许可人的产品相同，或者许可人与被许可人的产品有任何联系。被许可人的产品必须与许可人的产品有明显区别（例如，颜色和/或形状）；商标必须有明显区别，且包装必须明显区别。许可人不对该许可提供法律、法规、医学、技术、制造、销售、上市或任何其他形式的支持。

l. 被许可人独自并唯一地负责其产品以及所有相关产品责任。许可人、其负责人、经理、雇员、代理人和分支机构不应对许可的任何起诉负有任何责任。

m. 许可人可以自由去做希望做的与剩余专利权相关任何事情，包括给被许可人非独占性许可、与被许可人自由竞争以及许可给第三方与被许可人竞争。

（5）印度专利局强制许可决定主要的内容

强制许可决定详细叙述了强制许可申请和审查的过程，分析了给予强制许可的理由和法律依据，其具体内容包括以下几部分：概述部分，主要阐述了专利法的立法宗旨和强制许可的立法目的；背景论述部分，该部分叙述了强制许可制度演变历史，包括 TRIPS 的相关规定以及印度专利法对强制许可规定的历次修订；药品专利及其权利人状况介绍，介绍了专利权人的一般情况，该药品专利索拉菲尼的治疗用途，及该专利在印度申请及审批状况以及该药物在印度上市的时间；强制许可请求人的认定，介绍了申请人的一般情况，并说明其已经获得印度药品管理部门批准，生产和销售索拉菲尼原料药和片剂；专利药品的情况，说明了索拉菲尼的治疗适应症、靶点以及治疗费用；强制许可申请和过程的分析，认定强制许可的申请时间满足《印度专利法》第 84 条有关专利授权满 3 年的规定，且申请人与专利权人事前进行了自愿许可的协商并遭到权利人的明确拒绝，申请人的资格满足专利法有关“利益相关人（person interested）”的规定，同时该案满足《印度专利法》第 87 条第 1 款“表面证据确凿案件（prima facie case）”的规定后，申请人已将强制许可请求副本转交专利权人，该强制许可申请已经在官方出版物中公开；听证情况介绍，回顾了历次听证会的情况，结论是已经充分满足了双方当事人的听证要求；权利人抗辩理由分析，包括申请人提出的请求没有满足

《印度专利法》第84条的要求、申请人没有就许可的合理条件作出合理的努力、没有满足《印度专利法》第87条第1款规定的“表面确凿案件”的规定、Cipla制药公司仿制药的上市应属于满足公众需求的一部分；事实认定分析，即本案是否符合《印度专利法》第84条规定的专利未实施或未充分实施的3个理由：(a) 公众对该授权专利的合理需求没有得到满足；(b) 该授权专利没有以合理的、可负担的价格提供给公众；或 (c) 该授权专利没有在印度境内实施；药品可及性分析，支持申请人提出的主张，即公众对该专利药品的需求没有得到满足，因为Cipla公司的仿制药由于存在侵权风险，专利权人已向法院提出了侵权诉讼，Cipla的仿制药有可能因侵权而无法生产和销售，因此，不能将其作为满足公众需求的一部分考虑；专利药品价格分析，认定合理的价格是指患者可负担，主要考虑公众的需求而不是权利人的利益，因此支持申请人的主张，不支持权利人关于该药的研发费用高必然导致药价高的主张。同时认定授权专利没有在印度实施。

需要补充说明的是，印度专利局对强制许可使用费裁定的依据是联合国发展项目（UNDP）推荐的比例，即基础比例为净销售额的4%，依据特殊的治疗价值可以上调2%，依据药物研发过程中公共基金的投入可以下调2%，即使用费为净销售额的2%～6%。

2. 其他强制许可案例

本来人们预期Natco申请强制许可成功，会导致大量仿制药制药企业跟进，强制许可申请会急剧增加，但事实并非如此。2012年，印度一家仿制药企业BDR公司向印度专利局提出对施贵宝（Bristol Myer Squibb）公司的抗白血病药施达赛（达沙替尼）颁发强制许可的请求。按照《印度专利法》的规定，请求人应与专利权人协商以获得自愿许可。如果协商不成功，6个月后再请求强制许可。而本案中，BDR制药公司向专利权人发出了自愿许可的请求，施贵宝公司给予答复并就BDR生产高质量药物活性成分达沙替尼的能力提出了质疑。BDR将此答复看做施贵宝公司拒绝作出自愿许可，没有再与专利权人沟通协商，于1年后提出了强制许可申请。因此，印度专利局审查官认为在提出专利强制许可前BDR制药公司故意回避与专利权人进行可能导致自愿许可的协商，没有满足表面上确凿无疑的条件，最终驳回了该申请。该案主要事件时间表见表7。

表 7　印度达沙替尼强制许可案主要事件时间表

2012 年 2 月 2 日	强制许可请求人（简称申请人）请求专利权人给予自愿许可
2012 年 3 月 13 日	专利权人提出了一些书面质询
2013 年 3 月 4 日	申请人提出强制许可请求
2013 年 5 月 4 日	专利局通知申请人，根据专利法第 84 条，表面确凿的证据不满足发出强制许可决定的要求
2013 年 5 月 10 日	申请人答复专利权人 2012 年 3 月 13 日发出的信件
2013 年 5 月 13 日	申请人答复专利局 2013 年 5 月 4 日的通知并请求听证会
2013 年 5 月 23 日	申请人参加听证会并辩护。申请人请求延长答复时间，以便递交书面意见，得到了一个月的时间
2013 年 5 月 23 日	申请人请求按照专利法实施细则（2003）第 137 条，延期答复以便遵循程序的变化
2013 年 6 月 24 日	申请人递交书面意见
2013 年 7 月 1 日	专利权人答复申请人于 2013 年 5 月 10 日的信件
2013 年 7 月 9 日	申请人答复专利权人 2013 年 7 月 1 日的信件
2013 年 7 月 15 日	申请人再次请求按照专利法实施细则（2003）第 137 条，延期答复以便遵循程序的变化，并请求将 2013 年 7 月 10 日递交的文件，即 2013 年 7 月 9 日申请人答复专利权人的信件和 2013 年 7 月 1 日专利权人答复申请人的信件，记录在案
2013 年 7 月 15 日	专利局通知 2013 年 7 月 31 日召开听证会
2013 年 7 月 17 日	申请人确认参加 2013 年 7 月 31 日举行的听证会
2013 年 7 月 27 日	申请人请求延期
2013 年 8 月 5 日	专利局通知 2013 年 8 月 9 日召开听证会
2013 年 8 月 7 日	听证会延期，因为 2013 年 8 月 9 日为假期
2013 年 8 月 14 日	听证会定于 2013 年 8 月 21 日
2013 年 8 月 19 日	官方再次将听证会延期，原因是不可预见的情况
2013 年 9 月 2 日	申请人根据细则第 137 条请求准许延期，并请求将对专利权人按照 CS（OS）679/2013 递交文件的答复纪录在案，该答复中申请人请求驳回按照细则第 11 条和民事法典第 151 条提出诉讼的第 7 项决定
2013 年 9 月 2 日	官方通知在 2013 年 9 月 10 日举行听证会
2013 年 9 月 3 日	申请人请求延期
2013 年 9 月 7 日	官方通知听证会定于 2013 年 9 月 16 日
2013 年 9 月 16 日	举行听证会

几乎同时，印度卫生部请求对罗氏公司的治疗乳腺癌的药物赫赛汀（Herceptin，曲妥株单抗，Tratuzumab）相关专利颁布强制许可，但是该请求遭到印度工业政策和促进部（DIPP）的拒绝。

工业政策和促进部（DIPP）隶属于印度工商部，它已组建包括 6 名成员的知识产权审核工作组。工作组的第一要务就是研究和重新审视印度的知识产权政策。印度商业部已经开始实施一系列措施，限制强制许可的使用。DIPP 提出警告，政府机构行使专利强制许可权力时应当保持谨慎，应确保强制许可颁布之前，对此类请求进行合理的司法审查，并为实施强制许可的条款提供充分的证明。无谓的强制许可会招致诉讼，最终会导致强制许可被撤销，对政府部门的形象带来负面影响。因此，可以预计印度对药品专利颁布强制许可的可能性会大大降低。[1]

二、强制许可的使用费的计算

我国《专利法》第 57 条规定："取得强制许可的单位或者个人应当付给专利权人合理的使用费，或者依照中华人民共和国参加的有关国际条约的规定处理使用费问题。付给使用费的，其数额由双方协商；双方协商不能达成协议的，由国务院专利行政部门裁决。"那么，如何计算"合理的使用费"呢？我国《专利法》及其实施细则并没有对专利强制实施许可使用费的计算作出明确规定。TRIPS 第 31 条（h）项也仅仅给出了计算的原则，并没有给出具体计算标准：应当根据个案情况，并考虑许可的经济价值，向专利权人支付足够的报酬。其他国家目前对专利强制许可使用费的计算方法主要包括市场价格法、可比价格法、固定比例法或成本加利润法等。

对于药品而言，一般采用基础固定比例确定的前提下，考虑药品的治疗价值、国民平均收入和患者数量等因素上调或下调该比例。以下简要介绍世界卫生组织（WHO）专家推荐的几种专利强制许可使用费计算方法。[2]

---

[1] HARACHAND S. 印度医药产业之变［EB/OL］.［2015-03-16］. http：//www.industrysourcing.cn/article/309448.

[2] LOVE J. Remuneration Guidelines for Non-voluntary Use of a Patent on Medical Technologies［M］. World Health Organization/TCM/，2005.

（一）强制许可使用费的计算原则

确定专利强制许可使用费的原则应考虑公平性和操作性，兼顾公众和专利权人的利益，并便于政府行政部门执行。主要包括两个方面：一是该计算方法不能过于复杂，应让政府部门易于管控；二是强制许可使用费的数额不应成为药品可及性的障碍。

（二）强制许可使用费的的几种计算方式

对于专利使用费，包括专利强制许可使用费，一些国家有明确的规定或在司法判例中给出了制定标准（参见表8），例如，加拿大规定强制许可使用费为利用专利技术所获净利润的4%，菲律宾规定强制许可的使用费最高不超过有关专利药品的净销售收入的3%等。

表8 各国强制许可和相关案件中专利使用费比例表

国家	案件	专利权使用费比例/补偿比例
英国	西咪替丁（抗溃疡药）	45%
菲律宾	西咪替丁（抗溃疡药）	2.5%
日本	西咪替丁（抗溃疡药）（侵权案件）	3.5%
美国	AIDS诊断试剂盒（侵权案件）	1%
美国	眼部激光手术（侵权案件）	5%
美国	表面化学专利（侵权案件）	40%
美国	机床	15万美元+每台机床5%
美国	彩显屏幕	17%
美国	飞机专利（1917年）	每架飞机200美元，总补偿不超过520万美元
美国	火箭发动机专利（第二次世界大战）	100万美元至0.01%
美国	卫星轨道技术	1%
美国	微软软件	0.05%～1%，100个程序使用补偿最高5%
加拿大	药品（1969～1992年超过600个案例）	0.02%～4%
菲律宾	多种药物，1980年代许可	2.5%，法律规定自愿许可专利权使用费不超过5%，强制许可不超过3%

续表

国家	案件	专利权使用费比例/补偿比例
马来西亚	马来西亚公司与国外公司技术转让协议	不超过3%
马来西亚	某些HIV/AIDS治疗药物	4%
新加坡	多种药物	5%
莫桑比克	某些HIV/AIDS治疗药物	2%
赞比亚	某些HIV/AIDS治疗药物	2.5%
印度尼西亚	某些HIV/AIDS治疗药物	0.5%

WHO专家推荐了联合国发展项目（UNDP）人权报告计算方法、日本模式、加拿大模式和强制许可使用费分级计算方法（Tiered Royalty Method）。

1. UNDP/HDR指南（2001年）

2001年UNDP人权发展报告推荐了一种专利权使用费指南的简单体系，主要针对发展中国家，目的是用此指南确保强制许可的透明性和可预期性。基础补偿仿制药价格的4%。根据该药品的创新程度或者政府部门对研发的投入，该比例可以提高或降低2%。也就是说，补偿费为仿制药价格的2%～6%。

例如，UNDP研究报告例举了3个重要抗AIDS药物的补偿比例（参见表9）。

表9　3个重要抗AIDS药物的补偿比例

药物	标准比例	治疗价值	政府支持	总计
AZT	0.04	0.02	−0.02	0.04
3TC	0.04	0.02	−0.01	0.05
奈韦拉平（NVP）	0.04	0.02	−0.01	0.05

此外，如前所述，在印度索拉菲尼强制许可案中，强制许可使用费裁定的依据是联合国发展项目（UNDP）推荐的比例，即基础比例为净销售额的4%，依据特殊的治疗价值可以上调2%，依据药物研发过程中公共基金的投入可以下调2%，即使用费为净销售额的2%～6%。

2. 日本模式（1998年）

1998年日本特许厅发布了政府部门持有的专利权使用费确定指南。

其中一般为仿制药价格的 2%～4%，并可以提高或者降低 2%。也就是说，补偿费为仿制药价格的 0～6%。

该指南比 UNDP 的复杂，不便于操作。计算公式如下：

强制许可使用费比例＝价值因子×应用因子×提高或降低因子×后期投入因子

3. 加拿大模式（2005 年）

2005 年加拿大政府制定了为缺乏制药能力的国家出口药品而实行强制许可的专利权使用费指南。依据 UNDP 人权发展指数（HDI）中的国家排名，补偿比例为 0.02%～4%。对于大多数发展中国家，比例小于 3%，对于大多数非洲国家，比例小于 1%。

该指南中所规定的比例易于计算，比例相对较低，避免了这些药品的边际成本带来的比较大的偏差。该方法对具备制药能力和较高支付能力的中高收入国家不适合。

加拿大根据 UNDP 人权发展指数（HDI）中的 177 个国家的排名，制定了如下计算公式：

强制许可使用费比例＝0.04×［178－药品进口国 HDI 排名］/177

4. 分级强制许可使用费计算方法（Tiered Royalty Method，TRM）

TRM 与 UNDP、JPO 和加拿大的方法不同，其专利权使用费不依赖于仿制药的价格确定，而是依据该专利药品在高收入国家的价格确定。基础专利权使用费是高收入国家价格的 4%，然后随人均国民收入调整，或者依据该疾病的治疗负担和患者平均收入进行调整。

TRM 方法依据如下因素确定使用费：一是该药品的治疗效果的代表性指标；二是可负担性的代表性指标。不用依赖于大量数据或分析资源就可以实施此方法。TRM 可确定全球性专利强制许可使用费，再依据不同国家的可负担性进行调整。

三、对比研究及建议

根据我国《专利法》的规定，实施不充分条件下的专利强制许可，不能由国务院专利行政部门自行启动，而必须由社会公众请求启动。

根据我国《专利法》第 48 条第（一）项对实施不充分条件下的专利强制许可的规定，主要是对专利强制许可的申请要件，即，申请主体的资格、允许强制许可的情形等进行了规定。而《专利法》第 54 条、第 55 条、第 58 条，《专利法实施细则》第 74 条则对专利强制许可的审批要件进行了规定，具体包括了专利的审批主体、审批标准、裁决程序等。

但上述法律规定在具体实施过程中，仍然存在许多需要进一步明确。另外，国内外专利强制许可的实例绝大多数集中在药品或医药领域，全球唯一一例实施不充分条件下的专利强制许可也发生在医药领域。而药品的生产定价流通等都有许多特殊的法律规定。对比研究国内外强制许可请求的审查程序及实体条件，提出完善我国强制许可制度的如下建议。

（一）申请主体资格

根据《专利法》第 48 条第（一）项的规定，依据该法律条款提出专利强制许可的请求人，应当是"具备实施条件的单位或个人"，这是颁发强制许可的前提条件。从立法者的角度看，既然要申请专利强制许可，那么主体自然应当具备相应的实施条件。

有观点认为，我国《专利法》对申请主体资格的限制明显超过了 TRIPS 的要求。TRIPS 第 31 条（b）规定的"拟使用者（proposed user）"这一概念并没有对强制许可的请求人的资格做任何要求。WTO 许多成员方的立法也没有限制强制许可请求人的资格，例如英国、法国、德国、日本、韩国、印度的专利法中，强制许可的请求人都采用的"任何人（any person）"或"拟使用者（proposed user）"。

但在《印度专利法》第 86 条第（6）款中明确规定，审查强制许可时，应当考虑："强制许可请求人为公共利益实施该发明的能力，以及强制许可批准后，强制许可请求人在筹措资金和实施该发明方面存在的风险"，这都是对强制许可请求人主体资格的明显限制。

另外需要指出的是，在法国预审法庭 1973 年 MIDY vs. HOECHST 专利强制许可案件中，针对 HOECHST 拥有一项制造某种四环素副产品的方法专利，因 MIRY 的侵权行为 HOECHST 提起诉讼。MIDY 先是要求法院宣布 HOECHST 的专利无效，后来妥协为要求强制许可。法院认为本案中的专利是有效的，但授权强制许可给 MIRY。理由是 HOECHST 曾拒绝过 MIDY 早期的许可请求，并且 HOECHST 在法国没有实施过其专利，而 MIDY 拥有实施该专利的必要技术和经济手段。从该案中可以看出，"不实施"的强制许可的适用标准不仅需要有专利权人没有实施其专利的存在，而且还要求申请人必须具备实施该专利的必要的技术、经济等方面的条件。

因此，即便在法律条款中不对强制许可的请求人资格作出明确的限制，在具体的法律实施过程中，仍然会要求请求人满足“具备实施条件”。重点在于明确“具体实施条件的含义”。根据我国《专利法》第 11 条的规定，专利或专利方法的实施行为，应包括“制造、使用、许诺销售、销售、进口”等行为。其中“许诺销售”的行为由于未实际利用明显不应当做专利法中强制许可制度性“实施”的内容。

尽管 TRIPS 第 31 条（f）项规定，强制许可[1]主要是为“成员方国内市场供应之目的”，但并不意味着强制许可的“实施方式”仅限于在本国生产、制造，也包括通过合法的进口方式来“实施”。因此，《专利法》第 48 条第（一）项规定的“具备实施条件”包括 2 种情形：

一是具备通过“制造、使用、销售”等本国实施方式以消除“实施不充分”。这种情况，通常是强制许可的请求人自己制造专利产品、使用专利方法。

二是具备“进口”方式以消除“实施不充分”。例如，泰国在 2006 年针对 Scocrin 向政府制药组织（The Government Pharmaceutical Organization，GPO）颁布专利强制许可时，GPO 除自行生产该药品外，也可以从其他仿制药国家（印度）进口该药品。

1. 请求人自行生产制造专利产品、使用专利方法的情形

请求人以自行生产制造等本国实施方式请求强制许可的，则《专利法》第 48 条第（一）项中所述的“具备实施条件”，应当理解为如下 3 层含义：一是具备生产制造专利产品、使用专利方法的技术条件；二是具备生产制造专利产品、使用专利方法的资金和资产条件；三是符合生产制造专利产品、使用专利方法的市场监管要求、具备市场准入资格。

2. 请求人“进口”专利产品的情形

请求人采取“进口”的方式来实施的，则《专利法》第 48 条第（一）项中所述的“具备实施条件”，应当理解为如下两层含义：一是所述的专利技术和产品的进出口应当符合相关国家的进出口管制法规的要求；二是资金证明，即请求人用于进口商品或技术的资金能够在所请求

[1] 与《巴黎公约》不同的是，TRIPS 中用语是“未经授权的其他使用”，而非“强制许可”，后者只是前者的一种具体使用形式。

强制许可的期限内足以满足国内对专利产品或者专利方法的需求。

（二）强制许可的理由

《专利法》第48条第（一）规定的强制许可的理由是“专利权授予之日起满三年、且自提出专利申请之日起满四年，无正当理由未实施或未充分实施的”。《专利法实施细则》第73条规定，“未充分实施”是指“实施其专利的方式或规模不能满足国内对专利产品或专利方法的需要”。根据以上法律规定，在审查专利强制许可的理由时，需要判断：专利相关的时间期限、实施的方式和规模、国内对专利产品或专利方法的需要、专利权人有无正当理由等四个方面。

1. 专利相关的时间期限

请求强制许可的专利应当满足一定的时间期限要求，即“专利权授予之日起满三年、且自提出专利申请之日起满四年”。

2. 实施的方式和规模

一般而言，专利权人自己或者许可他人制造其专利产品、使用期专利方法，都视为专利权人实施其专利的方式。争议的焦点在于进口行为是否属于实施专利的行为尚存争议。

我国的《专利法》《专利法实施细则》和《专利实施强制许可办法》（以下简称“办法”）中也均未对上述问题给予明确的规范。本文认为，根据“国民待遇原则”，进口产品不应当受到区别对待，可以作为”实施“的一种。但是这并不意味着我国对国外的高价垄断政策无法规制。专利权人在中国实施或进口了专利产品，但是他没有以充分数量的专利产品供应中国市场，或者他为这种产品要求过高的价格，而拒绝按照合理条件给予强制许可，因而阻碍了本国工业发展的，仍然属于滥用专利。

3. 国内对专利产品或专利方法的需要

“不能满足国内对专利产品或者专利方法的需求”，是指例如专利权人虽然在我国制造其专利产品或者从国外将专利产品进口到我国，但是由于数量较少或者产品售价过高，不能满足国内对该专利产品的需求，或者专利权人虽然在我国使用其专利方法，但使用范围或者规模较小，不能满足国内对该专利方法的需求。从举证责任的角度来说，专利权人未实施或者未充分实施其专利的举证责任应当由强制许可的请求人承担。

例如，在印度NATCO vs Bayer的强制许可案中，请求人NATCO分别引用权威的证据从以下几个方面主张Bayer在印度市场投放的NEX-

AVAR（索拉菲尼）“不足以满足该国民众的需要”。

一是在供应范围的分布上，拜耳公司仅在印度孟买、金奈、加尔各答、德里等超大城市供应，中小城市的患者无法获得；二是在供应数量上，Bayer 公司投放到印度市场的 NEXAVAR 药品总量相对于该公司 NEXAVAR 全球供应总量存在巨大差异；三是在供应数量上，Bayer 公司投放到印度市场的 NEXAVAR 药品总量相对于印度相关疾病患者的数量存在巨大差异；四是在药品的价格上，Bayer 公司投放到印度市场的 NEXAVAR 药品售假远高于印度国民的平均收入水平。

可见，供应数量不足、范围分布不均、价格偏高等因素都可以视为“不能满足国内对专利产品或者专利方法的需求”。与专利权人实施方式与规模相对应的，请求人在提出强制许可申请时，其同样应当就其获得强制许可后，就起实施专利技术的方式、规模作出明确的承诺，其不仅要在专利产品的供应数量、供应范围上满足国内需求，而且在提供专利产品的价格上作出明确的承诺，确保产品价格能够满足国内需要，即，与国内的收入水平相适应。

4. “正当理由”

“正当理由”的含义，在解释《巴黎公约》的权威著作作出了说明：“这些理由可以是一个国家在专利的实施或者强化对专利的实施方面存在法律上、经济上、技术上的障碍”。例如，专利权人证明我国限制有关产品的制造、进口或者流通，必须经过有关政府主管部门批准以后才能制造、进口并投放市场，而且有关部门尚未批准或者根本不予以批准。

（三）自愿许可的协商

根据 TRIPS 第 31 条（b）项的规定，“只有在使用之前，拟使用者已经经过努力，试图在合理的商业性期限和条件下获得权利所有者的同意，但是经过合理的时间的努力之后仍未获得成功，才可以准许这样的使用。”

我国《专利法》第 54 条以及《专利实施强制许可办法》第 11 条明确规定，强制许可的请求人应当提交证据证明其在“合理的时间”未能以“合理的条件”取得专利权人的自愿许可。此外，根据《专利法》第 57 条、细则第 75 条的规定，专利强制许可颁布之后，还需要就专利许可费的问题进行协商或裁决。

合理条件下的强制许可，指在使用前，拟使用者已经经过努力，试图在合理的商业期限和条件下获得专利权人的许可，但在经过合理时间的努力后仍未获得成功。这实际上是反垄断法中的“拒绝交易”，是专利权人滥用垄断地位导致的强制许可。参考我国《合同法》第13条、第14条的规定，专利许可的请求人应当事先向专利权人发出订立专利实施许可合同的要约，要约的内容必须完整、明确，应当包括合同的主要条款，并且应当肯定和不含糊的，并且不应当包含任何保留条件或者限制条件。如果请求人的专利实施合同许可要约被专利权人明确拒绝，则还需要进一步考虑合同要约是否给出了“合理的条件”、要约是否在“合理的时间”内容未能达成或被明确拒绝。

1. 合理的条件

后来申请强制许可的单位或个人再起原先意欲与专利权人订立专利实施许可合同的要约中提出的条件一般应包括：专利的使用费、支付方式和期限、生产规模、产品销售地域、合同期限等。这些条件是否合理，应当根据所涉及的发明或实用新型专利的具体情况而定，例如技术领域、市场前景、同类技术的使用费、作出发明或实用新型投入的资金（研发、审批、市场推广等），这些都可以作为判断所提出条件是否合理的因素。

其中，在生产规模、合同期限等方面，应当以不超过满足本国市场需求为限。在专利的使用费方面，则可以考虑不高于一般的许可水平、且应相对高于强制许可补偿费的水平。例如，在德国POLYFERON专利强制许可案中，1991年6月德国联邦专利法院颁发强制许可，许可使用费比例是8%。1995年，该强制许可被德国最高法院撤销，原告需要向被告支付当前售价40%的许可使用费。此外，印度NATCO vs Bayer的案例中，专利局的强制许可决定裁定的许可费为售价的6%，法院最终裁定的强制许可补偿费为7%。考虑到中国的市场规模巨大、消费能力明显高于印度，总的市场利润更为丰厚，作为参考下限补偿费的比例应该可以略低于印度的水平。此外，“合理的条件”的判断还可以参考“反不正当竞争”的相关原则。

2. 合理的时间

按照惯例，意欲订立专利实施许可合同的单位或者个人以合理条件向专利权人发出要约后，专利权人需要一定的时间考虑。多长的时间是合理的，这与专利技术的复杂程度、实施该技术的难易程度、专利技术的经济价值大小有关，也与要约人提出条件的高低有关，很难确定一定

“一刀切”的参考标准。从印度的法律经验来看，其通过立法解释进行规范。《印度专利法》对第 84 条第 6 款（iv）项所作的解释中明确，“合理的期限”应解释为一般不超过 6 个月，其目的在于防止专利权人故意拖延磋商的时间。通过立法解释的方法或者干脆通过法律指定时间的方式能够有效消除操作的模糊空间。

3. 拒绝许可的明确意思表示

请求人“未能获得专利权人取得自愿许可”，应当以专利权是否作出的明确的意思表示为判断基准，应当考虑以下因素：专利权人对请求人提出的许可要约表达了明确的、拒绝的意思表示，或者专利权人在合理的时间期限内未能与请求人达成自愿许可合同。

相反，如果专利权人在合理的时间期限内、未对许可要约作出明确拒绝的意思表示的，不应视为请求人未在合理的时间、以合理的条件获得许可。例如印度 BDR vs 施贵宝施达赛强制许可案中。BDR 制药公司向专利权人发出了自愿许可的请求，施贵宝公司给予答复并就 BDR 生产高质量药物活性成分达沙替尼的能力提出了质疑。BDR 将此答复看做施贵宝公司拒绝作出自愿许可，没有再与专利权人沟通协商，于 1 年后提出了强制许可申请。因此，印度专利局审查官认为在提出专利强制许可前 BDR 制药公司故意回避与专利权人进行可能导致自愿许可的协商，印度专利局认为强制许可请求人没有满足表面上确凿无疑的条件，最终驳回了该申请。

药品专利延期后保护范围研究

邱福恩[1]　任　飞[2]

摘　要

为鼓励医药领域的创新，主要国家和地区先后建立了药品专利延期制度，我国也将开展相关试点工作。在药品专利延期制度中，延期后专利保护范围的确定是各国立法和司法实践中的重要内容。为平衡专利权人和社会公众之间的利益，美日欧等国家和地区均在立法和司法中对延期后专利权的保护范围作出了严格的限制。本文介绍并比较分析了美日欧的立法和司法实践情况，以给我国将来的制度设计提供参考和借鉴。

关键词

药品　专利　延期　保护范围

[1] 作者单位：武汉大学国际法研究所。本文仅代表作者个人观点。
[2] 作者单位：中国人民解放军战略支援部队特色医学中心。任飞与邱福恩同为第一作者。

一、导 言

为鼓励医药领域的创新，根据医药领域药品上市前临床试验和审批周期长、药品上市后有效专利保护期限较短的特点，美国、日本和欧洲等医药创新发达的国家和地区先后建立了药品专利保护延期制度。尽管各主要国家和地区的药品专利延期制度均是以被批准上市药品相关专利权为基础，形式上也是在该专利原有保护期限届满后再给予一定的期限补偿，但其并不是对原有专利保护期限简单地延长。具体而言，无论是美国、日本的专利期限补偿制度，还是欧盟的补充保护证书制度，在原专利保护期限届满进入延长保护期后，其保护范围将受到限缩，而不再是原有专利的保护范围。本文将以美国、欧洲和日本相关法律规定和司法实践为例，对此进行详细说明并对我国将来立法和实践提出建议。

二、美 国

《美国专利法》规定，可以获得延期保护的药品专利包括与首次批准上市药品活性成分相关的产品专利、使用方法专利和制备方法专利。对于这些不同的专利类型，专利法对延期后的保护范围均作出了明确限定。对于产品专利，延期后的保护范围仅限于该产品被批准上市的用途；对于使用方法专利，延期后的保护范围仅限于受专利保护且上市药品获批的用途；而对于产品制备方法专利，延期后的保护范围仅限于制备获批上市产品的方法。在 Merck & Co.，Inc. 诉 Kessler[1] 一案中，美国联邦巡回上诉法院在判决中明确指出："专利延期保护不会延伸至受该专利保护的所有产品，而仅延及作为延期保护基础的产品。"

在 Pfizer Inc. 诉 Dr. Reddy's Laboratories，Ltd.[2] 一案中，法院对专利延期后的保护范围作出了进一步解释。在该案件中，Pfizer 是美国 US4572909 号专利的权利人。该专利保护的是二氢吡啶及其酸加成盐，其中包括通用名为氨氯地平的化合物及该化合物的盐。该专利于 2003 年

[1] 80 F. 3d 1543，1547（Fed. Cir. 1996）.

[2] 359 F. 3d 1361（Fed. Cir. 2004）.

2月保护期限届满。基于Pfizer获得FDA许可上市的以氨氯地平苯磺酸盐作为活性成分的抗高血压、抗局部缺血药物Norvasc，其获得了1252天的延期保护，将该专利的保护期延长至2006年7月。

2001年12月，Dr. Reddy's向美国FDA提出药品上市申请。其申请上市的药品活性成分为氨氯地平马来酸盐，适应症与Pfizer获批上市的药物适应症相同。Pfizer认为Dr. Reddy's侵犯了其专利权，起诉至法院。Dr. Reddy's则认为，尽管氨氯地平马来酸盐在US4572909号专利保护范围之内，但其延长后的保护范围仅限于Pfizer注册上市的氨氯地平苯磺酸盐，因此其未侵犯延期保护的专利权。

一审法院判决认为侵权不成立，理由是根据《美国专利法》规定，专利延长保护期限后其保护范围仅限于首次批准上市产品的用途。对于该案而言，批准上市的产品是指氨氯地平苯磺酸盐，因此生产销售氨氯地平马来酸盐不侵犯延期后的专利权。Pfizer不服一审判决，向美国联邦巡回上诉法院提起上诉。二审法院审理后，认为延期后的专利权应当覆盖活性成分化合物及其可药用盐和酯。具体到该案，FDA批准Pfizer上市氨氯地平苯磺酸盐，但其活性成分为氨氯地平，因此US4572909号专利延期后的保护范围包括氨氯地平及其任何盐或酯，而不限于氨氯地平苯磺酸盐。为此，二审法院判决Dr. Reddy's侵犯了Pfizer延期保护的专利权。

三、欧 盟

欧盟国家通过“补充保护证书”（Supplementary Protection Certificates，SPCs）给予药品专利一定的期限延长，以补偿药品为通过上市许可审批程序所导致的药品有效专利期的损失。补充保护证书适用于首次批准上市的药用产品活性物质或者活性物质组合物的产品、产品制造方法或产品用途基础专利。根据欧洲议会和理事会条例EC No 469/2009第4条和第5条的规定，补充保护证书赋予权利人与原专利权相同的权利，但其权利范围受限于获批上市的药品及该药品在补充保护证书保护届满前批准上市的用途。也就是说，补充保护证书保护范围一方面受到原专利的限制，另一方面又受到所批准上市的产品及其用途的限制。但这一规定较为原则，在实践当中对补充保护证书保护范围一直存在争议，为此欧盟又通过判例形式对此不断进行完善。

围绕补充保护证书保护范围的主要争议之一是，对于化合物相关补充保护证书而言，其保护范围是仅限于批准上市药物所包含的特定化合物形式，还是可延及该化合物的其他简单衍生物，例如盐和酯等。这一争议实际上与前述美国 Pfizer 案类似。欧洲通过 Farmitalia 一案❶由欧盟法院（CJEU）对此进行了明确。在该案件的判决中，欧盟法院指出，如果药品上市许可中所涉特定形式的化合物受原基础专利保护，则基于该上市药物的补充保护证书保护范围也及于包含该化合物其他形式的药品，但其前提是这些其他形式的化合物也受原专利保护。法院指出，如果补充保护证书仅保护上市药品中包含的特定形式的化合物，则在基础专利到期后，竞争者将能够利用该化合物的其他形式（例如其他盐）作为活性成分获得上市许可。这与补充保护证书制度的设立初衷相违背，因此对补充保护证书的保护范围作出如此狭窄的解释。

另一争议问题是，在补充保护证书保护的是某一特定活性成分的情况下，权利人是否有权禁止他人生产销售包含该活性成分和另一活性成分的药物。即，如果活性成分 A 受补充保护证书保护，他人生产和上市销售包含活性成分 A+B 的药物是否构成侵权。围绕这一问题存在两种观点，一是认为补充保护证书具有与原专利权相同的权利，只是其范围得到限缩，但任何制造、使用、销售受补充保护证书保护活性成分的行为均侵犯专利权，因此上述行为属于侵权行为；而另一种观点则认为，补充保护证书的保护仅限于获批上市的药品及其用途，在前述情况下，该活性成分与其他活性成分组合形成的药物与受补充保护证书保护的药物不同，因此不能获得补充保护证书保护。在 Novartis 诉 Actavis 一案❷中，CJEU 采纳了上述第一种观点。

该案件的原告 Novartis 于 1997 年基于基础专利 EP（UK）0443983 和仅包含活性成分缬沙坦的药物代文（Diovan，用于治疗高血压）获得了补充保护证书，其保护期限届满日为 2011 年 11 月 12 日。基础专利 EP（UK）0443983 权利要求 1 保护包括缬沙坦在内的通式化合物，权利要求 26 保护缬沙坦。除代文外，Novartis 还上市了药物复代文（Co-Diovan），

❶ C-392/97.

❷ C-442/11 及 C-574/11.

其为缬沙坦与氢氯噻嗪的复合制剂，也用于治疗高血压。在基础专利 EP（UK）0443983 保护期限届满后、补充保护证书保护期限届满前，Actavis 表明其将生产销售复代文的仿制药。为此，Novartis 向法院起诉 Actavis 侵犯其补充保护证书。

在该案中，欧盟法院指出，如果由某一活性成分组成的“产品”受到原基础专利的保护，并且专利权人可基于该基础专利权禁止他人上市包含该活性成分及一种或多种其他活性成分的药品上市，则针对该“产品”授予的补充保护证书也允许其权利人在基础专利保护期限届满后，禁止他人上市与该“产品”具有相同用途的包含该“产品”的药品。简而言之，该判决确立了这样一种原则：如果针对用于 X 用途的药品 A 授予了补充保护证书，只要其基础专利的权利人有权禁止包含 A+B 的药品上市，则补充保护证书权利人也有权禁止用于 X 用途的包含 A+B 的药物上市。

四、日　本

与美国和欧盟类似，日本也对延期后的专利保护范围进行了严格的限制。《日本专利法》第 68 条之二规定：“专利权保护期限已延长的（包括根据第六十七条之二第五款规定视为延长的），该专利权的效力不及于以下行为以外的行为：针对作为办理延长登记理由的、第六十七条第二款政令规定的处分对象物（如果处分中规定了使用该物的特定用途，则为用于该用途的物）实施专利发明。”总体而言，日本对延期后专利保护范围的限定与美国、欧盟相似，即将其限定于用于特定用途的药品。

2017 年 1 月 20 日，日本知识产权高等法院就首起涉及侵犯延期专利权的案件作出二审判决[1]，首次明确了延期后专利保护范围的确定方式。

该案原告 Debiopharm International SA 拥有名称为“药学上稳定的奥沙利铂制备物”的专利（JP-B-3547755）。其独立权利要求 1 请求保护“肠胃外给药的药学上稳定的奥沙利铂制备物，包含奥沙利铂水溶液……”。基于获批上市的药物“ELPLAT 静脉输注液”，原告获得了该专利的延期保护。被告 Towa 医药公司在延长保护期内生产并销售了 ELPLAT 的仿制

[1] 2016（ne）10046.

药，该仿制药与原告生产的原研药在活性成分、用途、给药途径等方面均完全相同，其区别仅在于在原研药成分（奥沙利铂和水）之外增加了非活性成分浓缩甘油。原告认为被告侵犯了其延期保护后的专利权，向东京地区法院提起诉讼并请求判令被告停止生产、销售其仿制药产品。

2016年，东京地区法院作出一审判决❶，驳回了原告诉讼请求。一审判决指出，延期后的专利范围仅限于禁止他人未经许可实施用于特定用途的产品（即获批上市的药品）。尽管延期后的专利保护范围不仅及于与原研药完全相同的药物，而且还及于与原研药实质相同的药物，但被告生产销售的仿制药与原研药并非实质相同，因此未落入延期后的专利保护范围。专利权人不服一审判决，向日本知识产权高等法院提出上诉。

日本知识产权高等法院在判决中指出，药品专利延期后的保护范围受限于批准上市的产品及其用途，并且该产品和用途受到所批准的成分、含量、用法、用量、效能、效果等的限定。但是，如果被控侵权产品在成分、含量、用法、用量、效能、效果等方面与受专利保护的原研药有细微区别，则可认为它们“实质相同”，被控侵权产品也落入延期后专利的保护范围。该判决还给出了实质相同的一些例子，包括：如果专利保护的是新活性成分，而仿制药基于惯用技术手段在原研药的基础上添加或替换了除活性成分以外的其他成分，则其与原研药实施相同；如果专利保护的是已知活性成分的组合物，而仿制药基于惯用技术手段在原研药的基础上添加或替换了部分成分，并且两种产品的技术特征和效果就专利而言是相同的，则两者实质相同；如果原研药与仿制药的区别对于“含量”“用法”或“剂量”没有影响，则两者实质相同；如果原研药与仿制药的“含量”存在区别，但只要就“用法”和“剂量”而言可视为是相同的，则两者实质相同。此外，法院还在判决中明确指出，“等同侵权”原则不能用于确定仿制药是否与原研药“实质相同”，否则与《日本专利法》第68条之二的规定不符。

具体到该案，日本知识产权高等法院在判决中指出，原研药与仿制药产品之间的区别在于是否包含了甘油，根据涉案专利说明书及申请人相关陈述，这一区别不能认为是非显著性的，该案中的被控侵权仿制药与原研药不实质相同。因此，法院认为被控侵权仿制药未落入延期后的

❶ 2015 (Wa) 12414.

JP-B-3547755 专利保护范围。

概括来说，日本知识产权高等法院在判决中明确了判断是否侵犯延期后药品专利权的两个基本原则：一是延期后的专利保护范围不仅受到原专利权利要求中相关技术特征的限制，而且还受到作为获得延期基础的获批上市药品成分、含量、用法、用量、效能、效果等限制；二是落入专利保护范围的判断不再适用“全面覆盖”和“等同侵权”原则，而是代之以“相同”和“实质相同”原则。显然，这对延期后专利的保护范围作出了非常严格的限制。

五、结论与建议

从美国、欧洲和日本的立法和实践来看，这几个国家和地区无一例外地在立法上对延期后的专利保护范围作出了严格的限定。在立法上，这种限定主要体现在，延期后的专利保护范围不再是以原专利的权利要求书为准，而是在原专利保护范围的基础上将其进一步限缩至作为延期基础的获批上市药品的用途。

实践中，美日欧均通过司法判决的形式对药品专利延期后的保护范围作出了进一步解释。从各国或地区现有案例情况来看，比较常见的争议主要体现在两个方面：一是在原专利保护活性成分化合物的情况下，延期后的保护范围是否延及原研药活性成分简单衍生物形式，例如其他形式的盐或酯等；二是在原专利保护活性成分化合物或包含活性成分的组合物的情况下，延期后的保护范围是否延及在原研药基础上增加其他活性或非活性成分的组合物。

对于上述两个问题，美日欧在实践中的处理方法并不完全相同。对于第一个问题，美国和欧盟均在判例中认为，延期后的专利（或补充保护证书）保护范围不限于原研药使用的化合物本身，而是延及活性成分其他形式的简单衍生物。日本则没有类似案例，在 Debiopharm International SA 一案中，法院也未就此种情形作出是否属于“实质相同”的说明。而对于第二个问题，美国没有类似案例，欧盟和日本的做法则存在一定的区别。欧盟在案例中表明，这种情况下是否侵权的判断标准仍然适用“全面覆盖”原则，即在受补充保护证书保护的产品基础上增加其他成分，仍然属于侵权行为；日本则不再适用“全面覆盖”原则，而是代之以“相同”或“实质相同”原则，并在“实质相同”的判断中，将用成分、含量、用法、用量、效能、效果等均作为考虑因素。显然，与欧盟相比，日本此类专利延期后的保护范围更小。

各国或地区之所以对延期后专利保护范围作出一定的限定，其根本原因是为了在权利人和公众利益之间保持适度平衡。一般情况下，无论是活性成分化合物或组合物专利，还是用途或制备方法专利，由其权利要求所保护的除了获得批准上市的药品本身或其用途、制备方法外，还可能包括大量的其他技术方案，例如其他化合物、组合物、用途或制备方法等。然而，权利人获得延期保护的基础却仅是其中的一个特定技术方案，即获得上市许可药品相关的技术方案。专利权人（或原研药企业）所投入时间和金钱完成全部临床试验并获得上市审批的，针对的也仅是该特定技术方案。因此，原专利保护范围中，还有大量技术方案并没有进行完整临床试验，专利权人也并未对此投入超出其申请专利以外的时间和金钱，也未作出其他额外的贡献。如果将专利延期后的保护范围扩展至这些技术方案，则与专利权人的付出和贡献不相符，也会不当地阻止社会公众对这些技术方案的开发和探索。为此，需要将延期后的专利保护范围限缩至与最终获得获批上市产品相关的技术方案。

但另一方面，对于延期后专利保护的限缩也必须有一定的度，以避免仿制药企业仅通过一些本领域惯用技术手段对原研药进行细微改变就避开了延期后专利权的保护范围，不当地损害专利权人的合法权益。无论是美国和欧盟在判例中明确化合物的保护范围不限于上市原研药化合物本身，而是延及化合物的盐、酯等简单衍生物，还是日本在判例中确定的“实质相同”原则，其目的和初衷均在于此。为此，建议我国未来的立法，能充分借鉴和吸纳国外立法及司法实践经验，从我国医药产业发展状况等实际国情出发，对延期后的专利保护范围作出合理的限定。

美国药品专利链接制度研究

高　鹏[1]　曹志明[2]　尚言明[3]

摘　要

药品专利链接制度起源于美国，是指将仿制药上市审批程序与其是否会侵犯相关药品专利权的判断程序相衔接的制度。本文旨在通过分析美国药品专利链接制度的出台背景、主要制度设计以及实践中出现的问题，总结其制度设计的启示。

关键词

药品　专利链接　仿制药

[1][2] 作者单位：国家知识产权局条法司。
[3] 作者单位：国家知识产权局专利局专利审查协作湖北中心。

一、美国专利链接制度出台的背景

20 世纪初期，在化学药品问世之际，美国便于 1906 年通过了《纯净食品和药品法案》(Pure Food and Drugs Act，PFDA)。但该法案并不要求药企针对药品开展动物实验和临床试验，也不要求药企提供药品有效性数据。1912 年美国国会虽然对该法案进行了修改，但仍未要求药企证明药品的安全性和有效性。直至 1937 年美国爆发“磺胺酏事件”，由于在磺胺药物中使用二甘醇导致 107 人死亡，美国国会于 1938 年通过了《联邦食品、药品与化妆品法案》(Federal Food，Drug and Cosmetic Act，FDCA)。该法案开始了影响深远的“新药申请”流程（NDA)，其授权美国食品药品管理局（Food and Drug Administration，FDA）对新药进行严格审查，只有药企证明新药是安全的，药品才能上市销售。

1961 年在全世界范围内大规模爆发的“反应停事件”导致了成千上万的畸形婴儿，当时由于美国 FDA 对该药物的安全性存疑，因此其一直未获得上市批准。虽然美国能够幸免于该次事件，但由于已经开展初步临床试验，最后仍有 17 个畸形婴儿出生。“反应停事件”致使美国于 1962 年通过《Kefauver-Harris 法案》。该法案要求药企除证明药品的安全性外，还需要证明药品的有效性，并且仿制药也需要和原研药一样进行临床试验来证明其安全性和有效性。❶

该法案的出台虽然能够有效地改善药品的安全性和有效性，但是原研药企业和仿制药企业均需加大研发投入，对原研药和仿制药的上市都产生了极大影响。一方面，《Kefauver-Harris 法案》大大延长了原研药的临床试验和审批时间，导致药品获得上市许可后，专利保护下的市场独占期从 1966 年的 13.6 年降至 1979 年的 9.5 年，❷ 收入的减少极大地影响了药企开发原研药的积极性。另一方面，根据该法案，仿制药即使仿制已被证明是安全有效的原研药，也必须与原研药一样进行漫长且昂贵

---

❶ MOSSINGHOFF G J. Overview of the Hatch-Waxman Act and Its Impact on the Drug Development Process [J]. Food and Drug Law Journal，1999，54：187-194.

❷ KESSELHEIM A S, et al. Hatch-Waxman Turns 30：Do We Need a ReDesigned Approach for the Modern Era? [J]. Yale Journal of Health Policy，Law，and Ethics，2015，15 (20)：293-347.

的临床试验来证明其安全性和有效性，导致仿制药生产成本居高不下，同时又由于仿制药销售价格普遍低于原研药，致使药企没有积极性再去生产仿制药，在原研药专利保护期届满后往往没有相应的仿制药上市，市场上药品的价格长期居高不下。

1983 年 Roche 诉 Bolar 侵权案集中体现了上述矛盾。为解决原研药上市后有效专利保护期限过短以及促进仿制药尽快上市等问题，美国国会最终于 1984 年通过了著名的《药品价格竞争与专利期恢复法案》（Drug Price Competition and Patent Term Restoration Act，又称《Hatch-Waxman 法案》）。

《Hatch-Waxman 法案》确立了美国现行的化学药审批制度。这一整套制度设计综合平衡了原研药企业和仿制药企业，以及专利权人和社会公众之间的利益，在加强药品专利权保护的同时，促进了仿制药的上市，并提高了药品的可及性。

《Hatch-Waxman 法案》主要包括以下几方面内容。

1. 仿制药的简略新药申请制度

在《Hatch-Waxman 法案》出台之前，仿制药申请上市时，与原研药一样需要进行安全性和有效性试验。为简化仿制药审批流程，《Hatch-Waxman 法案》规定，仿制药企业只需要提交简略新药申请（Abbreviated New Drug Application，ANDA），证明仿制药与原研药具有相同的有效成分、剂型、药效及生物等效性，即可被批准上市。简略新药申请程序大大简化了仿制药上市审批程序，降低了仿制药上市成本。这是促进美国仿制药此后大发展的最主要因素。

2. 药品专利链接制度

药品专利链接制度要求 FDA 在批准仿制药上市的过程中，除审查仿制药生物等效性等信息外，还需要额外考虑该仿制药是否会侵犯被仿制药品的相关专利权。为了在专利权人和仿制药企业之间达成平衡，美国药品专利链接制度设置了包括桔皮书、仿制药专利声明、审批中止期和首仿药市场独占期等制度。

3. 药品专利延期制度

原研药在临床试验和上市审批程序中花费的时间会减少专利药品的市场独占期，为了补偿原研药市场独占期方面的损失，该法案规定，在原研药被批准上市后，专利权人可以申请延长专利保护期限。专利保护期限最长可延长 5 年，并且从药品上市许可之日起计算最长不超过 14 年。

4. 药品数据保护制度

根据这一制度，在一定的数据保护期内，美国 FDA 不能依赖原研药企业为了获得首次上市批准而提交的药品安全性与有效性试验数据来批准仿制药上市，除非仿制药申请人自行提供安全性和有效性数据或取得使用原研药数据的许可。

5. "Bolar 例外"制度

除前述几项主要制度外，《Hatch-Waxman 法案》还建立了"Bolar 例外"制度，即只要为了获得和提交 FDA 审批所需要的信息，实施相关药品专利的行为，都不视为侵犯专利权。该项制度允许仿制药企业在原研药专利到期前提前准备上市审批所需要的试验数据，保障原研药专利到期后仿制药能够快速上市。

二、美国药品专利链接制度的主要内容

药品专利链接制度是《Hatch-Waxman 法案》确立的几项重要制度之一。该项制度一方面有利于仿制药在上市之前解决部分专利侵权纠纷，能够在一定程度上促进仿制药的上市，另一方面也有可能会由于专利权人的滥用而延缓仿制药上市。本文将介绍美国药品专利链接制度的主要内容以及在实施过程中所产生的问题，为此类问题的解决提供借鉴。

（一）美国药品专利链接制度主要内容

美国药品专利链接制度由 1984 年《Hatch-Waxman 法案》确立，并在美国国会于 2003 年前后通过的《医疗保险处方药、改良和现代化法案》（Medicare Prescriotion Drug，Improvement，and Modernization Act，MMA）和《更容易获得可支付药品法案》（Greater Access to Affordable Pharmaceutical Act，GAAP）中修改完善。该项制度主要包括以下几个方面的内容。

1. 桔皮书

原研药企业在申请新药上市时，需要向 FDA 提出申请上市药品有关的专利信息。FDA 根据提交的资料将该药物有关的专利信息登记在桔皮书上。《Hatch-Waxman 法案》起初并未对可以登记在桔皮书中的专利类

型作出限制，但 2003 年对专利链接制度进行修改后，FDA 规定列入桔皮书的专利仅包括化合物、剂型、组合物和药品用途等专利。

2. 仿制药专利声明

仿制药企业通过简略新药申请程序申请仿制药上市时，需要核对原研药企业登记在桔皮书上的专利信息，并按照规定向 FDA 提出以下四种专利声明其中之一：一是没有相关专利登记在桔皮书上；二是桔皮书上登记的专利已过期；三是仿制药企业将在桔皮书所列专利到期后才开始制造、销售仿制药；四是桔皮书中所列专利无效，或仿制药企业申请的仿制药并不侵犯桔皮书中所登记的专利权。前述第四类声明也称为“专利挑战”。

仿制药通过上述四种方式之一获得上市许可，即构成专利链接。也就是说，专利链接制度就是在仿制药上市审批程序中必须额外地考虑其是否会侵犯被仿制药品相关专利的专利权。如果仿制药上市将侵犯相关药品专利权，那么 FDA 不给予上市许可；如果不会侵犯相关药品专利权，FDA 则批准该仿制药上市。

3. 仿制药审批中止期

对于提交前述第一和第二类声明的仿制药申请，FDA 将在审查其生物等效性等后直接批准；对于提交第三类声明的仿制药申请，FDA 将等到专利到期后方予以批准。而如果仿制药企业根据第四类声明提出 ANDA，即进行“专利挑战”，则应向 FDA 提出原研药企业相关药品专利无效或者其未侵犯相关药品专利权的声明及有关证明资料，并通知专利权人及新药上市许可证持有者。专利权人可在获得通知后 45 日内提起专利侵权诉讼。专利权人提出侵权诉讼的，FDA 将停止批准仿制药上市，直到法院作出判决。FDA 停止批准仿制药上市的最长期限为 30 个月。

4. 首仿药市场独占期

为了鼓励仿制药企业去挑战原研药专利，链接制度规定第一家根据第四类声明成功挑战原研药专利并获得上市许可的仿制药企业，将享有 180 天的市场独占期。在这 180 天内，FDA 不会再批准其他仿制药企业的上市申请。“挑战专利成功”包括无效原研药相关专利，以及司法判决确认仿制药不侵犯原研药专利（即仿制药技术方案不落入原研药专利保护范围）。

（二）美国药品专利链接制度实施过程中的经验教训

美国药品专利链接制度在实施过程中逐渐出现了一些在立法之初并未曾预见到的问题。这些问题主要是与原研药企业，乃至仿制药企业的权利滥用有关。当然，立法机关根据实践中产生的问题也在不断完善该项制度。具体而言，美国在实施药品专利链接制度的过程中主要出现了以下几个方面的问题。

1. 桔皮书专利登记的滥用

美国药品专利链接制度在设计之初并未明确规定可以登记在桔皮书中专利的相关标准，并且 FDA 对原研药企业主张应当被纳入桔皮书中的专利与对应药品是否具有相关性也不进行审查，使得原研药企业滥用桔皮书制度成为可能。

许多原研药企业为了通过链接制度阻碍仿制药上市，除了在桔皮书中登记活性成分化合物、配方和用途等核心专利外，还登记代谢物专利、包装专利、中间体专利等，甚至将与上市药品没有关联性的专利登记在桔皮书中。据此，原研药企业利用桔皮书中登记的专利刻意制造出数不胜数的诉讼，其目的并不在于胜诉，而仅企图以此来拖延仿制药上市。据美国联邦贸易委员会（Federal Trade Commission，FTC）统计，1998～2001年，在链接制度专利侵权诉讼案件中，有 75%的诉讼案件是仿制药企业胜诉。在这些诉讼中，虽然原研药企业败诉，但已经达到延迟仿制药上市的目的，并取得额外垄断期间的市场利益。

为解决这一问题，美国国会于 2003 年对专利链接制度进行了修改，限制在桔皮书中登记的专利类型。FDA 规定可以列入桔皮书的专利包括活性化合物、配方、组合物、药品用途等，而制造方法、外包装、代谢物、中间体专利等则不能列入其中，以避免其他无关的专利限制仿制药的申请。然而，由于 FDA 仍没有对列入桔皮书中的专利进行与药品相关性的审查，因此如上所述的情况未能得到根本改善，原研药企业在链接相关诉讼中的败诉率依然很高。

2. 中止期的滥用

仿制药企业提出第四类声明后，专利权人提起专利侵权诉讼的，将自动获得 30 个月的中止期。在实践中，出现了在仿制药企业向 FDA 提出上市申请之后，原研药企业利用桔皮书中登记或者补充登记的专利多次提出诉讼，多次启动 30 个月中止期的情况。在著名的 GSK 诉 Apotex

案件中，GSK 前后共提起 5 起诉讼，并都获得了 30 个月的中止期，最后延缓仿制药上市长达 65 个月。

为解决这一问题，美国国会在 2003 年修改专利链接制度时，对中止期的适用等内容作出了限制。一方面，仿制药企业只需对其提出仿制药上市申请日之前原研药企业登记在桔皮中的专利提出相关声明，对于提出仿制药上市申请之后补充登记在桔皮书中的相关专利，原研药企业不能再以此类专利为基础获得中止期；另一方面，修改后的专利链接制度明确规定一件仿制药申请只允许适用一次中止期。

3. 原研药企业和仿制药企业之间的逆向支付协议

在与专利链接程序相关的侵权诉讼中，当原研药企业预计败诉的前提下，有可能会与仿制药企业达成和解协议，通过支付高额和解金或者给予仿制药企业专利许可，使仿制药企业撤诉，以此来推迟仿制药上市，延长原研药市场独占期。原研药企业与仿制药企业之间的这种行为，不正当地推迟仿制药的上市时间，并严重影响药品可及性。

美国在对专利链接制度进行修改时，规定如果原研药企业和仿制药企业因为第四类声明引发的诉讼而达成任何有关 180 日市场独占期的和解协议，都应当在和解协议签署后通知 FTC 和司法部，接受反垄断审查。

三、美国药品专利链接制度的启示

美国《Hatch-Waxman 法案》确立的一整套制度，在根据实践问题不断修改完善的基础上，实现了对原研药企业、仿制药企业和社会公众利益的充分平衡。其经过几十年积累的经验，给其他国家处理类似问题提供了借鉴。

（一）关于桔皮书专利类型限制

美国在建立专利链接制度之初并没有限制可以纳入桔皮书中相关药品专利的专利类型，造成专利权人的滥诉。美国因此修改了规则，将可列入桔皮书中的专利限定为活性成分化合物专利、包含活性成分化合物的组合物专利，以及用途专利（即适应证专利），以尽量避免专利权人在仿制药上市审批过程中不合理地提起过多的诉讼。美国法律还规定，专利链接制度仅适用于桔皮书中列举出的专利。

在美国专利链接制度中，FDA 或者 USPTO 并不对桔皮书中收录的相关专利信息进行事前审核；另外，美国虽然对桔皮书中收录的专利信息设置了更正程序，但 FDA 并不对更正理由进行审查，而是将更正请求转送给原研药企业，由其决定是否更正桔皮书中记载的相关专利信息。这种完全依靠自律的披露原则会造成原研药企与仿制药企利益的不平衡，使原研药企业将与原研药不直接相关的专利纳入至桔皮书中，对仿制药企业造成不必要的诉讼负担。

（二）关于“拟制侵权”条款

美国药品专利链接制度的一个关键性程序是专利权人可以针对仿制药企业作出的第四类声明提起侵权诉讼，而“拟制侵权”条款是针对 ANDA 申请提起侵权诉讼的法律依据。

美国在通过《Hatch-Waxman 法案》之前，仿制药企业在原研药相关专利保护期限届满之前，为提供上市审批所需要的信息而实施该专利的行为属于侵权行为。因此，在原研药专利保护期内，仿制药企业并无法为获得上市许可而提前开展相关试验，从而使得仿制药无法在原研药专利到期后及时上市。这就变相延长了原研药的市场独占期，不但会打击仿制药企业开发仿制药的积极性，而且不能有效地降低药品价格，影响药品可及性。为解决上述问题，《Hatch-Waxman 法案》设置了“侵权例外”的“Bolar 例外”条款，即《美国专利法》第 271（e）（1）条，规定仿制药企业为提供上市审批所需要的信息而实施原研药专利的行为不再被视为侵犯专利权的行为。除“Bolar 例外”条款外，《Hatch-Waxman 法案》还设置了“不侵权例外”的“拟制侵权”条款，即《美国专利法》第 271（e）（2）条，规定如果仿制药所仿制的原研药相关专利处于保护期限内，那么仿制药企业提交仿制药注册申请的行为视为侵犯专利权的行为。《Hatch-Waxman 法案》或者《美国专利法》之所以如此设计，是因为如果仅规定“Bolar 例外”条款而不规定“拟制侵权”条款的话，仿制药企业可以在原研药专利保护期届满之前为提供上市审批所需要的信息而实施原研药专利并提交仿制药注册申请，满足审批条件后即可获得上市许可。由于提交仿制药注册申请的行为本身并不属于侵权行为，专利权人就只能等到仿制药上市后再提起侵权诉讼。相比于《Hatch-Waxman 法案》出台之前无论仿制药申请人是否为提供上市审批所需要的信息，只要其实施原研药专利的行为都属于侵权行为来说，这种设计较为严重地损害了专利权人的利益。为了尽量平衡专利权人和仿制药企业的利益，《Hatch-Waxman法案》在规定“Bolar例外”条款的同时，又规定了“拟制侵权”条款，使专利权人不必等到仿制药上市之后才能提起侵权诉讼。

（三）关于中止期

在美国专利链接制度中，专利权人提起侵权诉讼后将自动获得30个月的中止期，并且在实施过程中出现针对一件仿制药注册申请启动多次中止期的情形。

为规避原研药企业有可能的权利滥用，一方面可以规定对于一件仿制药注册申请，仅可启动一次中止期，以避免对仿制药上市审批造成不合理的影响；另一方面，根据链接制度对中止期的规定，可将其理解为一种“临时禁令”，但与申请临时禁令需要提供担保不同的是，美国专利链接制度中对中止期的启动并未规定任何前提条件。只要专利权人起诉后就能够自动获得中止期，即使其败诉也无须承担赔偿责任。这种低门槛的禁令获得容易造成专利权人对其权利的滥用。

（四）关于市场独占期

在专利链接制度中，首仿药“专利挑战”成功后能够获得一定时间的市场独占期，以鼓励仿制药企业针对尚处于专利保护期限内的原研药提出“专利挑战”，促进仿制药尽早上市。如何定义首仿药，将对该项措施对仿制药企业发起“专利挑战”的激励作用产生一定的影响。

一方面，如果将首仿药定义为首个获得上市许可并挑战专利成功的仿制药，那么首个被批准上市的仿制药企业可能并不是首个挑战专利成功的仿制药企业。在这种情况下，首个挑战专利成功的仿制药企业将无法获得市场独占期，导致难以实现鼓励仿制药发起“专利挑战”的目的。另一方面，如果将首仿药定义为首个挑战专利成功并获得上市许可的仿制药，那么现实中可能会存在多种“首个挑战专利成功”的情形，例如不同的仿制药企业针对目录集中收录的涉及一个原研药的多件专利分别发起“专利挑战”等。因此，应当充分考虑各情形下对首仿药的界定所可能产生的影响，以更好地发挥市场独占期对首仿药注册申请的激励作用。

（五）关于权利滥用的规制

美国在实施专利链接制度的过程中曾出现过原研药企业与仿制药企

业签订反向支付协议的情形。这种协议将损害患者的利益。为避免此类情况，美国法律规定在仿制药企业提出第四类声明后，双方签订相关协议的，应当将协议报送反垄断执法部门进行反垄断审查，判断其是否会产生限制、排除市场竞争的效果。

此外，即便是仿制药企业未与原研药企业签订反向支付协议，仿制药企业在获得市场独占期后，相应的仿制药在获得上市许可后也可能因为各种原因而并不及时上市。因此，可以考虑对没有合理理由而在一定时间内未上市的仿制药，取消其市场独占期。

总之，专利链接制度的目的是解决仿制药上市审批过程中的专利纠纷，不仅涉及原研药企业与仿制药企业之间的博弈，还关系到社会公众的利益，应当充分考虑到三方的利益平衡。

浅议专利审查工作中行政自由裁量权的行使

罗芳洁[1]

摘　要

在我国的专利申请审查过程中，代表国家行使行政权进行专利确权的专利审查员具有一定的行政自由裁量权，这体现在专利审查的多个环节中，一定程度上也影响和决定了专利申请的最终结果。对专利审查中行政自由裁量权内涵的明确和探讨，有助于在实际行政过程中准确把握自由裁量权的行使。

关键词

自由裁量权　专利审查

❶ 作者单位：国家知识产权局专利局通信发明审查部。

行政自由裁量权，是指法律、法规赋予行政机关在行政管理中依据立法目的和公正合理的原则自行判断行为的条件、自行选择行为的方式和自由作出行政决定的权力。[1] 由于法律要用概括性的语言涵盖尽可能多的实践情形，具有开放性和模糊性，需要执法者根据情境复杂多变的个案来适用法律，这就要求执法者有一定的自由裁量权作出具体判定，以保证立法目的能够在每个具体个案中得以实现。同时立法本身也为执法预留了自由裁量空间，因为成文法规则的先天缺陷，不可能穷尽所有可能发生的具体情境，所以也必须通过自由裁量空间来面对将来变化莫测的具体个案，例如法律中常见的“兜底性条款”。因此，几乎所有的执法权都有自由裁量性，无论是判例法系还是制定法系都不同程度地存在着自由裁量权。

专利审查是由专利审查员以国家专利行政部门的名义作出的具体行政行为，专利法的执法过程尤其存在其特殊性，因为对作为行政客体的大量的、日新月异的专业技术知识进行判断的需要，所以在专利审查程序中，审查员都必然而且必须具有一定程度的自由裁量权。专利审查的依据是《专利法》《专利法实施细则》以及国家知识产权局制定的专利审查指南。法律条款是从具体案例抽象出来的一般规则，具有一定的原则性和概括性。而具体案例中有许多法律无法明确规定的情形，因为法无完法，不可能面面俱到。尤其是专利申请往往涉及的都是最前沿的技术，而新颖性、创造性等问题又都是一些没有具体有形的标准，因此专利法的行政执法过程既审查过程就更加具有不确定性，审查员就拥有相对较大的行政自由裁量权。因此，在专利审查领域中，过于限制审查自由裁量权空间，或者实审标准的过度规则化是不可取的，可能会导致审查员过于机械地执行标准而忽略了立法目的，导致个案的判断违背立法初衷。

但同时审查过程中的自由裁量权也需要必要的规范和控制，否则也会引发权力滥用，同样危害立法目的的实现。具体分析专利审查实践中的行政自由裁量权问题，主要有以下几方面需要应对。

首先，在审理具体案件时，虽然法律对如何进行新颖性、创造性等问题的判断标准有明确规范，但对判断过程中自由裁量权的行使规则却没有严格细致的规定。根据我国相关法律规定，审查员依据《专利法》

---

[1] 姜明安．论行政自由裁量权及其法律控制［J］．法学研究，1993（1）．

《专利法实施细则》《专利审查指南2010》对专利申请进行审查，在此过程中会有很多需要进行自由裁量的情形，对于审查员行使自由裁量权的条件、原则和方式缺乏明确规定。在实际的操作中，对于模拟两可、有争议的问题，容易导致不同审查员会有不同的处理方式。仅仅依靠质检部门的意见只能解决部分问题，而且如何保证质检部门意见的一致性和合法性也是需要解决的问题。将质检过程中形成的对规律性和普遍性的问题的指导意见，抽象形成规范自由裁量权行使的具体规则，能够从根本上加强质检指导审查规则的导向作用。而且随着社会的不断发展和前进，新的社会形势下对专利的要求也在不断变化，这就导致专利审查的标准也在发生变化，在这个过程中，也需要有及时的、适应当前社会形势和法规的规范来对审查员行使行政自由裁量权进行指导。

其次，专利审查过程中行政自由裁量权行使的主体是审查员，专利局的各项专利确权行为必须借助于审查员的具体行政行为来实现。但审查员在个人学历、法律素养、审查经验等方面存在差异，且大多数的专利审查员都仅具有理工科教育背景，在审查解决技术问题的过程中，其法律思维方法的培养也不容忽视。在专利的行政执法过程中，运用自由裁量权时很重要的一个方法就是法律思维，即根据立法的目的和原则去解决实践面临的问题，其中必不可少的是规范和运用好自由裁量权。其中法律解释是法律实施的前提，抽象的法律条文只有通过解释者的解释才能与具体事实发生联系。作为行政执法的行政人员，审查员是有自由思想的人，而不是严格将案件与法律规定对号入座的机器，因而在不超出立法宗旨和原则的前提下，为了处理实际案件、追求个案的公正或者补充法律漏洞，应该具有根据具体案件的情况灵活地弥补法律空白和解释法律的权力和能力。那么在法律解释的过程中，如果缺乏对法律解释原理的理解和具体手段的掌握，那么必然就很难正确运用法律解释的方式来行使专利法所赋予的自由裁量权。

如何解决上述存在的审查员自由裁量权行使问题，实际上已成为实际审查过程中至关重要、直接影响我国专利审查质量的一个问题。

为了提高专利审查质量，保持审查标准的一致性，专利审查员行使自由裁量权应当遵循以下几个原则。

合法性原则，即审查员对专利申请的具体行政行为不得超出法定的权限，且应当符合专利法相关法律、法规的规定。

合理性原则，即审查员在法定范围之内行使自由裁量权应当合理适应，应不违反立法本意，不应处于不正当的动机，以及自由裁量权的行使应当符合自然公平公正的要求等。

正当程序原则，其中心含义是“任何其权益受到判决影响的当事人，都享有被告知和陈述自己意见并获得听审的权利”❶，因此要求审查员作出的行政行为必须遵循正当法律程序，在作出任何不利于申请人的决定时，都应当将事实理由证据告知过申请人，以使得其行政行为具备程序正义。

效率原则，是指审查员在专利审查过程中要保证行为及时、有效，不能为了追求极致的公平而过度拖延程序，同时也应避免产生行政程序的来回震荡。

上述原则中最重要的是自由裁量权的合法性原则。具体到措施而言，针对目前专利行政自由裁量权的使用过程中存在的问题，或许可以通过以下的方式来加以改进。

一是要对审查过程中自由裁量权的行使加以明确规范，在规范的制定过程中给予行政相对人即申请人（公众）充分的听证权，并保证规范在时间上的稳定性。作为指导审查员进行专利审查、统一专利审查标准的手段，我国专利局内部经常发布审查业务指导性文件，例如部门质检通报、局级质检通报、案件指导性意见等，这一类文件的发布通常都会对审查员审查过程中自由裁量权的使用起到一定程度的规范和引导作用。专利审查的自由裁量权从某种意义上来说是在专利法律法规不够完善的情况下，对既存专利法律法规的补充行为。因此，上述审查业务指导性文件的作用就是对审查员行使自由裁量权的条件、原则和方式加以明确，尽量减小审查员自由发挥的余地，填补既存专利法律法规的未及之处。

此外，对于这一类文件的发布应当格外慎重，要保证在规范的制定过程中，给予行政相对人，即申请人和公众充分的听证权，在充分考虑公众意见后进行发布，以遵循行使自由裁量权的正当程序原则。同时，作为规定类文件，也应当保证其在时间上的稳定性，不可朝令夕改，让公众对国家的政策导向不甚明确。

---

❶ BLACK H C. Black's Law Dictionary［G］. St. PAUL：West Publishing Co.，1979：1083.

二是对专利审查行政自由裁量权的行使主体专利审查员进行必要的法律能力培训。从行为的本质上来说，专利申请的审查过程是一个行政执法过程，专利审查员也是行政执法人员，因此专利审查员必须具备一定的法律基础知识和运用法律的能力。对理工科教育背景的审查员进行法律知识的补充能够保证专利法的行政执法过程更加具有合法性。一个实际审查中的例子，就是在复审请求审查过程中，合议组成员对于请求原则和依职权审查原则两者之间的平衡和把握。

《专利审查指南2010》第四部分第一章第2.3节规定："复审程序和无效宣告程序均应当基于当事人的请求启动"；第四部分第一章第2.4节规定："专利复审委员会可以对所审查的案件依职权进行审查，而不受当事人请求的范围和提出的理由、证据的限制"。仅从字面上看，上述两个原则之间是互相抵触的，如果不了解两个原则的立法本意则不能在实际的审查过程中准确把握两个原则的平衡，从而造成复审请求人（公众）利益的损失。2017年第78285号复审决定（专利申请号：200780047062.6）涉及生物医药领域制药用途权利要求的创造性问题，该案请求人在复审程序中提交的权利要求书完全对应于驳回文本中出于听证原则的考虑而未评述创造性的一组权利要求，上述权利要求的创造性缺陷与驳回决定依据的理由及证据相同、且与驳回决定所指出的事实类似，合议组依职权引入这些性质相同的缺陷对上述权利要求进行创造性审查，最终作出了维持驳回决定的复审决定，从而避免了不必要的程序振荡和延长。实际上，请求原则的立法本意是为了确保复审这一行政行为的启动只因请求人的请求而启动，行政行为的范围也应当限制在对驳回决定中涉及的事实、理由和证据的审查，以此确保请求人的利益；而依职权审查原则的立法本意则是为了避免复审和实审之间的程序震荡，因此赋予审查员权利使用已告知过请求人的证据，对驳回决定之外的事实和理由进行审查，使得审查程序不至于被无故拖长、反复，造成请求人时间和金钱成本的浪费，因此依职权审查原则的本质也是为了维护请求人的利益。若是合议组成员能够从立法本意去理解请求原则和依职权审查原则，就能够合理、合法地把握复审请求的审查范围，从而保障复审请求人（公众）的利益，真正实现复审程序的价值。

习近平总书记在主持召开中央财经领导小组会议时曾指出："要完善知识产权保护相关法律法规，提高知识产权审查质量和审查效率"。当今我国的知识产权事业正处于建设知识产权强国的关键发展时期，专利审查工作得到政府和社会的空前重视和关注。因此，对专利审查过程中行政自由裁量权的合理规范和正确处理，对提升我国专利审查质量起着至关重要的作用。探讨自由裁量权的内涵，本质就是要在实际执法过程中实现法律的价值。著名法律学者徐国栋教授就曾指出："绝对的自由裁量主义使人们失去安全，并破坏法治的统一。而绝对的严格规则主义又使法律陷入僵化而不能满足社会生活的需要，并牺牲了个别正义。因此，人民只得摆脱这两种极端主张而寻求严格规则与自由裁量相结合之路"。作为专利法的行政执法者，在行使自由裁量权时，应当妥善处理法律效果和社会效果的关系，既要严格适用法律规定和维护法律规定的严肃性，又要注意避免僵化地理解和适用法律条文，让法之正义和价值在执法过程中得以彰显。

捐献原则适用问题研究

——基于中美两国判例的实证分析

宋亦森❶　何　强❷

摘　要

囿于缺乏成熟的理论支持与审判经验，我国法院在审理捐献原则相关案件时思路各异。而美国作为捐献原则的发源地，已经形成了相对成熟的适用规则。为此，有必要通过分析美国判例中捐献原则的发展状况，同时反思我国判决中捐献原则的适用情况，以厘清其与已有的等同原则的关系，总结其在司法实践中的适用规则，为今后的司法裁判提供建议。

关键词

专利说明书　权利要求书　捐献原则　等同原则

---

❶ 作者单位：中国工商银行总行。

❷ 作者单位：江西省抚州市纪委监委。

捐献原则（Dedication Rule or Disclosure-Dedication Rule）是由美国判例法发展起来的一项原则，意指专利权人在说明书中公开的主题，如未在权利要求书中进行主张，则该部分主题被捐献给公众，专利权人不得再主张专有权利。传统视野下，捐献原则的正当性基础在于最大限度地发挥权利要求的公示功能，从而达到防止专利权人以规避专利审查机构相对宽松的审查要求的方式嗣后获利的效果。故而，捐献原则今日更多地被视为是对等同原则（Doctrine of Equivalents，DOE）的限制。然而捐献原则的发端最早在于对专利再颁程序（Reissue Proceeding）的限制。本文将在梳理美国普通法上捐献原则发展历程的基础上对其进行介评，再深入分析我国司法实践中捐献原则的适用，以期总结我国捐献原则司法适用的一般逻辑与适用步骤，为今后相关司法裁判提供方向。

一、美国判例中的捐献原则发展介评

捐献原则在美国已有百余年司法实践的历史，经由一系列判例的发展，其适用经历了从对专利再颁程序限制到对等同原则适用限制的转变，并逐步确立了具体的适用规则。

（一）Miller 案、Mahn 案时期：捐献原则对专利再颁程序的限制

1881 年 Miller v. Brass Co. 案[1]是最早涉及捐献原则的案件。该案中 Miller 是一种灯具改进发明的专利权人，其初始权利要求的内容是带有双层圆顶并且没有玻璃罩的灯具，该专利被授予 15 年之后，Miller 提请了一个针对单层圆顶并带有玻璃罩的灯具的专利的再颁程序。Miller 提出的理由是：其虽在初始权利要求中未主张单层圆顶并带有玻璃罩这一技术方案，但却于初始说明书中进行了披露，并标明该项技术方案更有助于达到专利的技术效果——照明。该案作为美国乃至世界司法历史上最早涉及捐献原则的案例，描述了捐献原则适用的一般情形，即未予权利要求的说明书记载事项是否纳入专利权人专利保护范围。当然，在早期专利权人并未就此提出专利权保护的主张，仅涉及再颁程序。值得注意的是，Miller 表示其未在权利要求中对该技术方案进行主张，是出于过失而

[1] Edward Miller & Co. v. Bridgeport Brass Co.，112 U.S. 350（1881）.

非故意。据此，美国联邦最高法院在肯定专利权人有权通过专利再颁程序修正权利要求中的错误并拓宽专利权保护范围的基础上，认定专利权人存在不合理的懈怠和迟延构成权利的滥用（This Right Had Been Abused），并以该种滥用将损害公众利益为由，判定未被主张的部分被捐献给了公众。[1] 最终，美国联邦最高法院适用了专利懈怠原则（Rule of Laches）来阻却专利权人通过再颁程序来覆盖说明书中已经披露但没有在权利要求中主张的客体以扩大专利权的保护范围。

其后，在 1884 年 Mahn v. Harwood 案中，捐献原则再度以专利再颁程序为契机被提及。[2] 该案中，专利权人 Mahn 在其专利被授予 4 年之后再次提出再颁布申请，企图扩大其专利权保护范围。美国联邦最高法院再次运用捐献原则阻却权利人通过专利再颁程序将在说明书中披露但未在权利要求中主张的内容纳入专利权的保护范围。相较于 Miller 案，该案就捐献原则的合理性基础——专利的公示告知功能作了更多论述。法院指出，公众通过专利权人最为庄严的行为——权利要求而被告知、获知专利权利范围，除此之外，权利要求便再无其他意义。[3] 因此，权利要求中没有主张的便属于公众的财产。不容争辩的是，这一功能的法律效果，均源于专利权人自身的行为，即一方面在申请程序中告知美国专利商标局（USPTO）的审查员应当审查的范围，另一方面在专利颁布之后告知公众（特别是潜在竞争者）该专利权的保护范围。

（二）Graver Tank 案、Maxwell 案、YBM 案、Johnson & Johnston 案时期：捐献原则对等同原则适用的限制

在上述早期判例中，捐献原则的适用并没有超出扩大再颁专利的保护范围这一领域。虽然捐献原则和等同原则均发端于 19 世纪，但在专利侵权诉讼中通过捐献原则限制等同原则，则是 20 世纪最后 10 年的事。且捐献原则作为对等同原则适用的限制这一定位的确立，经历了一个反复

[1] “the claim of a specific device or combination, and an omission to claim other devices or combinations apparent on the face of the patent, are, in law, a dedication to the public of that which is not claimed.”

[2] Mahn v. Harwood, 112 U. S. 354 (1884).

[3] “the public is notified and informed by the most solemn act on the part of the patentee, that his claim to invention is for such and such an element or combination, and for nothing more. of course, what is not claimed is public property.”

博弈的过程。

1950 年 Graver Tank & Mfg. Co. v. Linde Air Prods. Co. 案[1]（以下简称“Graver Tank 案”）的基本案情是：原告在权利要求中要求保护的是一种用于焊接的助焊剂——一种碱土金属硅酸盐组合物；被控侵权产品的成分中含有硅酸锰组合物（非碱土金属）；原告在其专利说明书中充分披露了硅酸锰组合物也可以用于制造焊接的助焊剂，但却未在权利要求中要求对其进行保护。该案的判决结果并未适用捐献原则，[2] 但在反对意见书中，Black 和 Douglas 两位大法官表示，原告在说明书中披露了硅酸锰作为硅酸盐的一种可能的替代物，却没有在权利要求中主张保护，这就等于将硅酸锰这一技术特征捐献给社会，即凡是没有在权利要求中明确主张保护的都捐献给了公众。[3]

随后在 1996 年的 Maxwell v. J. Baker，Inc. 案[4]（以下简称“Maxwell 案”）中，捐献原则首次被适用于专利侵权诉讼中，作为对字面侵权和等同侵权原则适用的限制。该案原告在专利说明书中披露了相互替代的两种用于连接鞋子的实施例，一种是将袢扣缝合在鞋子顶部的接缝中，另一种将袢扣缝合在鞋底之间，但权利要求中仅记载了后一种实施例。地区法院先认定了被告构成等同侵权，美国联邦巡回上诉法院（CAFC）根据 Miller 案中确立的捐献原则推翻了地区法院的判决。CAFC 以两案的案情并无可比性为由明确拒绝了在该案中援引 Graver Tank 案：Graver Tank 案专利权人并不想将该技术方案捐献给公众，而该案原告自始至终均未在权利要求中对该替代实施例主张保护，因此该实施例便被捐献给公众。CAFC 论证道，如果申请人能够被允许提交一份范围较窄的权利要求，然后在诉讼中通过等同原则实现一个范围较宽的权利要求保护，这将实质性地损害 USPTO 在申请阶段对范围较宽的权利要求的审查，同时鼓励专利人在申请时提交内容窄的权利要求和内容宽的说明书。这明显违反了《美国专利法》第 112 条中要求的“申请人必须详细地、明确地、不含糊地指出被申请人视为发明的、要求保护的客体”。

CAFC 的观点即从法律角度认为公开但未在专利申请中要求保护的

[1] Graver Tank & Mfg. Co. v. Linde Air Prod. Co.，339 U.S. 605 (1950).

[2] 本案 8 位大法官最终以 6∶2 的比例反对将捐献原则适用于等同侵权领域。

[3] “what is not specifically claimed is dedicated to the public”.

[4] Maxwell v. Baker，Inc.，86 F. 3d 1098 (1996).

主题，其作用是捐献给公众。本文认为，根据这个观点如果未能对全部公开的主题要求保护，那么申请人就剥夺了 USPTO 考虑这些主题是否具有可授权性的机会。这是因为只有精确的权利要求语言才能相对于现有技术获得评价。如果允许申请人从 USPTO 获得较窄的权利要求范围，其后通过对在说明书中描述但未要求保护的内容主张要求更宽的保护范围，那么就破坏了专利的权利要求界定其专有权的基本功能。与此同时，CAFC 表达了专利申请历史对确定捐献原则的作用：如果某一主题在过去被公告的专利文献中曾经被要求过，那么即使该主题后来被确定无效而未能体现在权利要求中，专利申请的历史将否定申请人有把该主题捐献给公众的意思，即可阻却捐献原则的适用。[1]

对于 YBM Magnex，Inc. v. International Trade Commission 案[2]（以下简称“YBM 案”），CAFC 的态度又出现了反转。该案专利权人专利权利要求保护的是一种含氧量 6000～35000ppm 的永磁合金组合物，其在说明书中公开了一种含氧量低于 6000ppm 的磁铁但却没有要求保护。被诉侵权者销售了一种含氧量介于 5450 和 6000ppm 之间的磁铁，并主张这一技术特征根据 Maxwell 案的先例应当捐献给了公众。CAFC 否定了这一主张，认为在说明书中披露的特定主题，虽然没有在权利要求中主张，但只要构成等同物，仍然属于等同原则调整的范畴。CAFC 认为，美国联邦最高法院及 CAFC 在 Maxwell 案之前的先例都不承认一个概括性的捐献原则，即无论个案的证据、情形、背景如何，只要是披露但未在权利要求中主张的主题，均排斥等同原则的适用。[3] 因此，CAFC 将捐献原则对等同原则的限制限缩到 Maxwell 案的特定情形，并最终以等同原则认定被告的行为构成侵权。

随着时间推移，Maxwell 案和 YBM 案之间关于捐献原则的矛盾于 2002 年通过 CAFC 对 Johnson & Johnston Assoc. v. R.E. Service Co 案[4]（以下简称“Johnson & Johnston 案”）作出的全席判决而得到澄清。

---

[1] “If the subject matter was claimed in the original patent as issued，and those claims were later held invalid，however，then the dedication rule would not apply.”

[2] YBM Magnex Inc. v. International Trade Commission，145 F. 3d 1317 (1998).

[3] “do not permit the blanket rule that everything disclosed but not claimed is barred from access to the doctrine of equivalents，whatever the facts，circumstances，and evidence.”

[4] Johnson & Johnston Assoc. v. R.E. Service Co.，Inc.，285 F. 3d 1046 (Fed. Cir. 2002).

该案争议焦点在于专利权人能否通过等同原则覆盖其未要求保护但却在说明书中公开的技术特征。CAFC 提出了一个明确的捐献原则（Bright-Line）作为对适用等同原则的限制。捐献原则之所以再次被明确作为对适用等同原则的限制，理由在于：其一，捐献原则有利于阻止申请人采用窄权利要求但宽书面描述的撰写策略，以便更快速和容易地获得 USPTO 的审查，随后却通过专利侵权等同原则将保护范围扩大到宽说明书披露的范围。因为 USPTO 对可专利性的审查是基于权利要求的描述，而不是说明书的描述；其二，即使申请人由于疏忽大意而未能将说明书中披露的主题纳入权利要求中，则他们仍然能通过再颁程序和继续申请程序来获得救济。最后，CAFC 还重申了 Maxwell 案中的观点，即捐献原则的判断是一个纯粹的客观调查（a purely objective test），原告的主观状态对于某一主题是否捐献给公众毫不相干。

（三）PSC 案、CSP 案时期：捐献原则适用规则的具体化

经过 Johnson & Johnston 案，捐献原则作为限制将书面描述中公开但权利要求中未主张的主题纳入等同原则的保护范围的一项普通法原则基本得到确立。但司法实践中捐献原则的适用规则还有待进一步具体化，而这一任务通过 PSC 案及后续的一系列案件来完成。

在 2004 年 PSC Computer Products，Inc. v. Foxconn International，Inc. 案[1]中，CAFC 主要讨论了说明书对某一主题的披露须达到怎样的性质与特征才能导致该主题捐献给公众。CAFC 首先重申了权利要求与说明书的区别与功能，即说明书教导而权利要求主张（specifications teach and claims claim）。因此，申请人必须通过权利要求而不是说明书来定义其要求保护的发明创造，且这种定义必须足够清楚、明确以至于能向公众告知该发明创造的排他权范围。那么，如何才算清楚、明确的告知？CAFC 指出必须以专利法上的普通技术人员为判断标准，即本领域的普通技术人员通过阅读书面描述的文字表达，能获得未要求保护的公开内容的教导。因此并非只要书面描述中公开了任何类概念，则这一类概念之下的所有未主张的属概念都捐献给公众，而是要求这些属概念必须足够具体特点，以至于本领域的普通技术人员能够理解到该客体已经公开

[1] PSC Computer Prod.，Inc. v. Foxconn Intern’l，Inc.，355 F. 3d 1353（Fed. Cir. 2004）.

却没有要求保护。本案中，一位本领域的普通技术人员都能够合理地从书面描述的语言中得出塑料架零件能够代替金属夹零件的结论。因此，PSC要么在权利要求中除了金属夹零件之外也要求保护塑料夹零件，并提交该项范围较宽的权利要求接受PTO的审查，要么就不要求保护塑料夹而将使用塑料夹零件的权利捐献给公众。CAFC认为，PSC明显属于后者，因此不能再主张等同侵权来保护塑料夹这一技术特征了。

在2016年CSP Technologies，Inc. v. Sud-Chemie AG案[1]（以下简称“CSP案”）中，CAFC进一步将捐献原则的标准具体化。本案中原告的说明书公开了两个实施例，一是含有一个可分离的上壳体的两件式容器，另一个实施例是不含有可分离的上壳体的一体式容器，但其权利要求中记载了其直接主张的实施例必须可分离的上壳体部分。随后，原告在诉讼中主张一体式容器构成两件式容器的等同物，被告生产一体式容器的行为构成等同侵权。CAFC认为，虽然专利的告知公示功能意味着未要求保护的主题被捐献给公众之前，这一主题必须被专利权人视为在权利要求中主张的实施例的替代物。然而，专利文献必须让人们识别出被捐献的实施例与权利要求中主张的实施例构成替代物，但这一要求并非如原告所说的，是一个表明的、形式上的要求（one of form），要求我们必须采用某种特定的文字表达来特别指出两个实施例之间构成替代。因为这种形式上的要求很容易为专利撰写者所回避，进而使其对捐献原则免疫。最后，CAFC重申了是否导致捐献的判断标准——一个实质性的要求（one of substance），即一个本领域的普通技术人员在看到说明书的披露之后，会认定没有主张的实施例构成了权利要求中主张的实施例的替代物。对于该案，在普通技术人员看来，一体式的设计和两件式的设计对于构造一个容器而言，两者构成替代物是显而易见的，因此一体式这一技术特征就捐献给公众了。

二、我国判决中的捐献原则适用介评

2009年，《最高人民法院关于审理侵犯专利权纠纷案件应用法律若干

[1] CSP Technologies，Inc. v. Sud-Chemie AG，_ Fed. Appx. _，_，2016 WL 1118549，*5-*6 (Fed. Cir. 2016).

问题的解释》（以下简称《侵犯专利权纠纷司法解释（一）》）第 5 条规定："对于仅在说明书或者附图中描述而在权利要求中未记载的技术方案，权利人在侵犯专利权纠纷案件中将其纳入专利权保护范围的，人民法院不予支持。"一般认为，这是我国首次正式引入捐献原则。《侵犯专利权纠纷司法解释（一）》将其作为判定专利侵权的一项新原则，是我国司法实践的一大进步，但也存在一些问题亟待厘清：确立该项原则的必要性是否充足？其与已有的等同原则是何种关系？在具体的司法实践中又该如何适用？为此，本文梳理了我国法院与捐献原则相关的判决文书，通过对判决情况及其中主要问题的梳理，并结合相关理论进行分析。

（一）判决情况梳理

笔者在"北大法宝-法院裁判文书库"中，以"捐献原则""捐献＋专利""仅在说明书或者附图中描述""仅在说明书或者附图中描述而在权利要求中未记载的技术方案"和"《最高人民法院关于审理侵犯专利权纠纷案件应用法律若干问题的解释》第 5 条具体条文内容"5 个关键词进行检索，分别得到判决文书 17 份、47 份、37 份、32 份和 12 份，共计 145 份。为了尽可能提高判决样本数量与质量的准确性，笔者在"中国裁判文书网""知产宝（IPHOUSE）-知识产权裁判文书库"和"无讼案例库"中，以上述 5 个关键词进行重复检索。其中，在"中国裁判文书网"中，得到的判决文书分别为 13 份、46 份、31 份、27 份、25 份，共计 142 份；在"知产宝（IPHOUSE）-知识产权裁判文书库"中，得到的判决文书分别为 15 份、27 份、31 份、22 份、21 份，共计 116 份；在"无讼案例库"中，得到的判决文书分别为 13 份、34 份、32 份、26 份、14 份，共计 119 份。通过对以上 522 份判决文书进一步的研读与梳理，笔者发现与捐献原则高度相关的判决文书有 31 份。

这些判决具有以下特点。①就判决性质而言，这 31 份判决共涉及行政判决书 2 份、民事判决书 29 份，分别占判决书总量的 6.5%和 93.5%，具体情况见图 1。②就判决时间而言，2010 年 2 份、2011 年 2 份、2012 年 7 份、2013 年 4 份、2014 年 3 份、2015 年 7 份、2016 年 5 份、2017 年 1 份，具体情况见图 2。可见，自 2009 年《侵犯专利权纠纷司法解释（一）》颁行以来，这类案件总体随时间呈递增趋势。③就诉讼审级而言，一审 7 份、二审 17 份、再审 7 份，分别占判决书总量的 22.6%、54.8%和 22.6%，具体情况见图 3。④就判决结果而言，在 2 份行政判决中，1

份撤销国家知识产权局专利复审委员会无效宣告请求审查决定，1 份驳回原告诉讼请求；在 29 份民事判决书中，认定构成侵权的判决有 13 份，认定不构成侵权的判决有 16 份。具体情况见图 4。

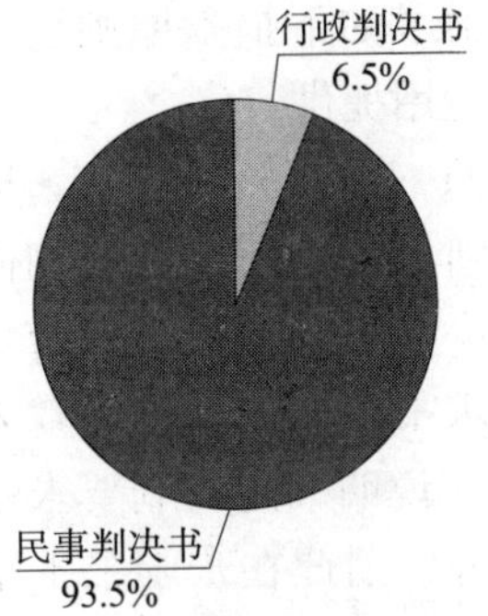

图 1　判决性质维度统计

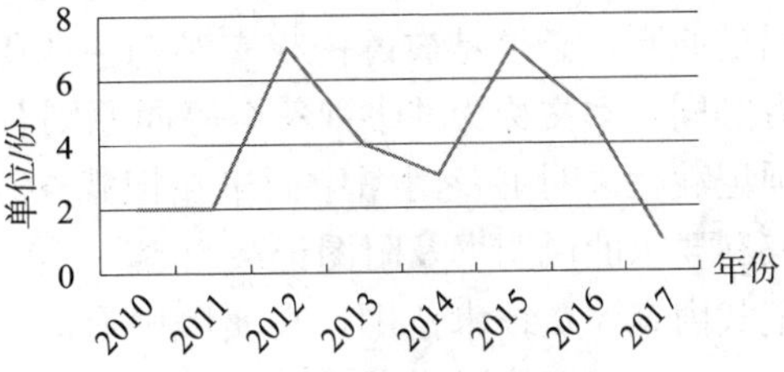

图 2　判决时间维度统计

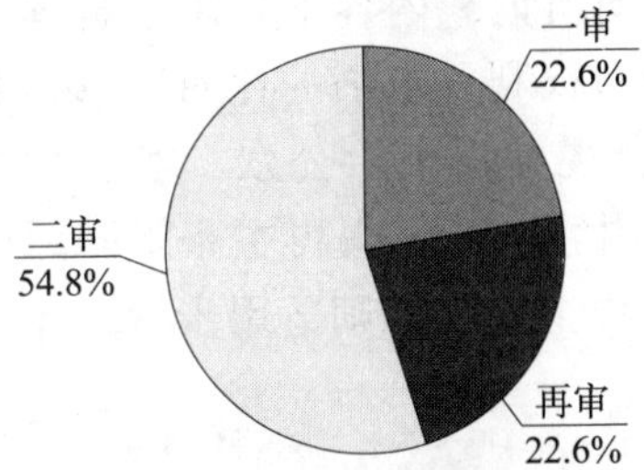

图 3　诉讼审级维度统计

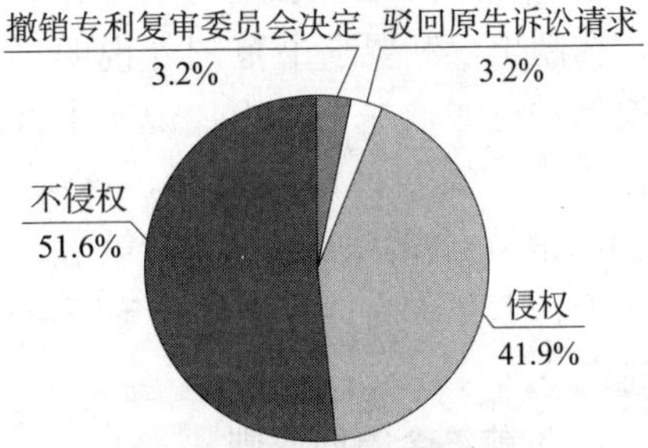

图 4　判决结果维度统计[1]

（二）捐献原则在我国司法实践中的适用

由于捐献原则在我国专利诉讼中尚属一项新的判定原则，理论与立法对其均无太多关注，因此存在部分法院在司法实践中直接引用《侵犯专利权纠纷司法解释（一）》第 5 条，但未就捐献原则的适用作任何解释，而是将重点放在等同原则论述和案件事实认定的情况。持这类审理思路的判决有 5 份。[2] 此外，还存在判决没有引用前述司法解释，而是直

[1] 图中各部分百分比加和不等于 100%系数值四舍五入所致。——编辑注

[2] 这 5 份判决分别是（2015）内民知终字第 00029 号民事判决书、（2014）民提字第 89 号民事判决书、（2012）渝一中法民初字第 00535 号民事判决书、（2010）沪二中民五（知）初字第 102 号民事判决书和（2015）民申字第 983 号民事判决书。

接引用《专利法》第 59 条第 1 款作为裁判依据的情况。这类审理思路的判决有 2 份。❶ 以上 7 份判决虽然以捐献原则作为说理依据，但存在论证不充分的问题。这也是当前司法实践中适用捐献原则普遍存在的问题。因此，本文在深入剖析其余判决的基础上，得出了如下捐献原则适用的步骤（或称构成要件），以期为司法实践的妥当适用提供建议。

通过分析，笔者梳理出法院适用捐献原则的一般步骤：第一，适用捐献原则，必须是被诉侵权专利与主张保护专利之间表面上构成相同或者等同，本文称为“事前符合等同原则”；第二，捐献原则所涉内容，必须记载在说明书及附图中而未在记载在权利要求书中，本文称为“未予权利要求的说明书及附图记载内容”；第三，由于说明书与权利要求书所记载内容涉及技术范围，在实践中有时难以区分，因此在步骤二下衍生出步骤三，即将说明书及附图的解释与权利要求书作比对，在不超出权利要求书范围的说明书及附图可作解释用途，即说明书被权利要求书覆盖，在超出权利要求书范围外说明书及附图所记载内容不可用于解释专利权保护范围，本文称为“说明书及附图与权利要求书的比对”；第四，符合前述 3 项要件的判定后，该部分内容视为捐献给公众，本文称为“发生捐献公众的法律效果”；第五，捐献内容部分不得再主张等同原则的保护，本文称为“事后排除等同原则”。以上捐献原则适用步骤具体情况见图 5。

1. 事前符合等同原则

事前符合等同原则，指的是被诉侵权专利与专利权利所主张保护的专利权，必须表面上存在等同的可能性。否则，被诉侵权专利不构成侵权，自然无须探讨捐献原则的适用问题。如在湖南科力远公司与爱蓝天公司、湖南凯丰公司侵犯发明专利权纠纷案中，再审申请人爱蓝天公司主张：“专利申请人明知可以采用其他聚合材料（包括聚酯聚氨酯）作为基底材料，且将其他聚合材料也罗列在说明书的情况下，仍坚持在权利要求书中明确将基底材料限定为聚醚聚氨酯，以上事实表明专利申请人实质向公众捐献了采用其他聚合材料（包括聚酯聚氨酯）作为基底材料的技术方案。”再审法院则认为：“现有证据足以证明涉案被控侵权技术

❶ 这 2 份判决分别是（2012）锡知民初字第 0108 号民事判决书和（2012）锡知民初字第 104 号民事判决书。

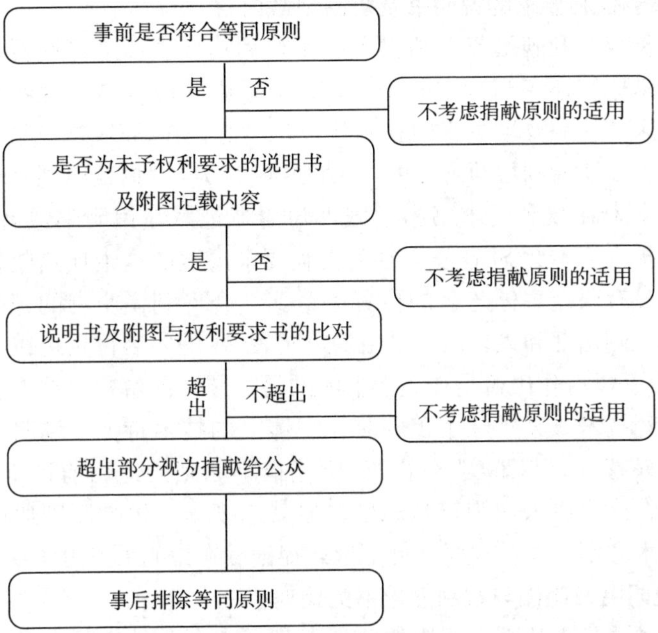

图 5　捐献原则适用步骤

方案中的‘本底真空度及工作真空度’技术特征与涉案专利权利要求记载的‘本底真空度和工作真空度’必要技术特征既不相同也不等同，能够满足《最高人民法院关于审理侵犯专利权纠纷案件应用法律若干问题的解释》第七条以及《最高人民法院关于审理专利纠纷案件适用法律问题的若干规定》第十七条所规定的专利侵权判定的相关要求，故被控侵权的技术方案未落入涉案专利权的保护范围，爱蓝天大连公司不构成专利侵权。”[❶] 据此，再审法院对再审申请人的捐献原则适用主张未予支持。

同样的审理思路在程恩广与宁波汇富公司等侵害实用新型专利权纠纷案、苏州安特公司与上海开维喜公司等侵害发明专利权纠纷案中也有所体现。法院均在比对被诉侵权专利技术方案技术特征与专利权人主张权利的专利技术方案技术特征后，得出二者不等同，因此无须就捐献原则的适用进行认定的判决结论。

❶ 参见（2011）苏知民再终字第 0001 号民事判决书。

2. 未予权利要求的说明书及附图记载内容

被诉侵权专利满足与专利权人主张权利构成表面上等同侵权后，是否适用捐献原则还应当考虑的条件是：捐献内容应当是在说明书及附图中记载的未予权利要求主张的技术特征。对此，在 SEB 公司与中山金朗宝公司侵害发明专利权纠纷案中，二审法院认为，“捐献原则适用的前提是技术方案未在权利要求书中记载，却清晰记载在说明书或者附图中，不可任意扩大。本案 SEB 公司专利权利要求限定的是主加热装置与主体的关系，没有限定主体与盖的位置关系。结合专利说明书的记载，主体包括基部、侧裙部和盖，以及‘主加热装置 24 的安装位置可以是煎炸锅的内部’，并没有作出盖是独立于主体的另一装置的解释。金朗宝公司提出本案专利技术方案排除了盖安装在主体上的技术特征，说明书又恰恰记载了这一特征，与事实不符。其所述捐献原则的适用前提不存在。”❶虽然法院在该案中未适用捐献原则，但其态度是，捐献原则适用的前提必须是技术方案未在权利要求书中记载却记载在说明书或附图中。

3. 说明书及附图与权利要求书的比对

前述两项是捐献原则适用的前提条件，本项要件实际上是对第二项前提要件的具体适用过程。具体而言，又包含以下几个方面。

（1）专利说明书可用于解释权利要求书

《专利法》第 26 条第 4 款规定：“权利要求书应当以说明书为依据，清楚、简要地限定要求专利保护的范围。”由此可见，说明书是权利要求书的依据。司法实践中也多通过说明书来具体确定权利要求书的保护范围。

（2）专利说明书的解释功能限定在不超出权利要求书的内涵范围

虽然说明书中记载的未予权利要求内容应适用捐献原则，但说明书的首要功能并非对捐献原则的适用，而是对权利要求书的解释。在洪亮与国家知识产权局专利复审委员会等实用新型专利权无效行政纠纷案中，再审法院认为：“如权利要求书对明显错误进行更正性理解后的权利要求所保护的技术方案，能够从说明书充分公开的内容得到或者概括得出，没有超出说明书公开的范围，则应当认定权利要求能得到说明书的支持，

---

❶ 参见（2014）粤高法民三终字第 384 号民事判决书。

符合《专利法》第二十六条第四款的规定。”❶

此外，在罗维朋与潘得献侵害实用新型专利权纠纷案等 6 份判决❷中，法院均持此种态度，并用说明书来解释权利要求书的内容。

值得注意的是，在用说明书解释权利要求书的具体操作中，又适用了等同原则，也即将说明书中记载的技术特征与权利要求书中对应的技术特征进行等同比对。如在梁伟民与青岛澳威斯公司等侵害发明专利权纠纷案中，法院认为：“虽然在涉案专利说明书附图 3 中，‘V’形剥离纸折叠一侧靠近的是吸水垫的长边（矩形吸水垫长度较长的一边），与权利要求 1 限定的技术方案相吻合，但是结合涉案专利说明书附图 1 的标示内容，则附图 2 显示了如下技术方案：‘V’形剥离纸折叠一侧靠近吸水垫的短边（矩形吸水垫长度较短的一边）。该技术方案明显与涉案专利权利要求 1 的保护范围不相同。因此，‘V’形剥离纸折叠一侧靠近吸水垫短边的技术方案不应再纳入涉案专利权的保护范围。”❸

（3）说明书解释功能与限定功能的区分

不能将说明书的解释功能理解为限定功能。如在程润昌与龚举东、桂林合鑫公司侵犯实用新型专利权纠纷案中，再审法院指出：“中华全国专利代理人协会专家委员会在解释程润昌专利权的权利要求时，将仅在说明书以及附图中描述而未在权利要求中记载的具体实施方式纳入了权利要求的技术方案，错误地缩小了专利权利要求的保护范围，导致其鉴定结论缺乏客观性和公正性，故该专家委员会作出的鉴定意见不能作为认定本案事实的依据。”❹

一般来说，在以下情况中，需要用说明书或者附图对权利要求进行解释：①当权利要求书中技术术语的表述含糊不清，或者对该术语可能存在多义理解时，应当根据说明书或者附图的描述对该术语进行解释；②当权利要求书中使用自造词时，需要说明书对其含义进行澄清性的解释；③权利要求书在文意上看是清楚的，但说明书对权利要求书中某一

---

❶ 参见（2011）行提字第 13 号行政判决书。

❷ 这 6 份判决书分别是（2016）京民终 237 号民事判决书、（2015）民申字第 188 号民事判决书民事判决书、（2012）济知行初字第 2 号行政判决书、（2013）民申字第 1284 号民事判决书、（2012）津高民三终字第 41 号民事判决书和（2012）津高民三终字第 42 号民事判决书。

❸ 参见（2016）苏民终 869 号民事判决书。

❹ 参见（2010）粤高法审监民再字第 44 号民事判决书。

技术特征的解释与一般技术人员对该技术特征的通常理解不同，并且说明书的文意也是清楚的，这时应按照说明书中的解释确定专利保护范围；④说明书明确排除对确定权利要求保护范围的作用。[1]

（4）捐献原则的适用应是说明书中超出权利要求书的内容

通过上述对说明书解释功能的阐述，应当明确的是，适用捐献原则的内容应当为说明书中超出权利要求书的事项。如在广东美的公司与珠海格力公司侵害实用新型专利权纠纷案中，法院认为："涉案专利的主题名称是'可拆装式空调室内机管路安装挡板'，涉案专利的'可拆装'包含'可拆卸'和'可安装'两个功能，虽然涉案专利说明书并不支持'可拆卸'这一功能性技术特征，但由于专利权人在撰写专利权利要求时，明确增加了'可拆卸'的功能，客观上缩小了专利保护范围。因此，根据捐献原则，被诉侵权技术方案的技术特征与涉案专利相应的技术特征相比，不构成侵权。"[2]

4. 发生捐献公众的法律效果

满足前述 3 个构成要件后，该适用捐献原则的说明书及附图记载内容，发生专利权人放弃该技术方案或技术特征，将其捐献给公众的法律效果。在陕西银河消防科技装备公司与山东天河消防车辆装备公司侵害专利权纠纷案中，法院认为："涉案专利权利要求表述是由'无线控制器'和'接收装置'组成的'无线控制系统'。涉案专利的说明书中有'该专利设置有控制系统，控制系统可以是无线控制亦可是有线控制系统，本发明采用无线控制系统，它包括无线控制器、接收装置'的记载，而在权利要求中并未记载有线控制系统技术方案，因此，有限控制系统技术方案发生被捐献给公众的效果。"[3]

5. 事后排除等同原则

适用捐献原则，相应技术方案被捐献给公众，由此导致的结果是，该项技术方案不得作为专利权人专利权保护等同原则比对的对象。也即超出权利要求书记载的说明书记载事项，不再适用等同原则，不被认定为构成侵权。如在雷天温斯顿电池技术公司与浙江佳贝思公司侵害发明

---

[1] 岳利浩. 捐献原则是对专利侵权判断适用等同原则的必要限制［J］. 人民司法，2014（14）：87.

[2] 参见（2013）粤高法民三终字第 615 号民事判决书。

[3] 参见（2015）鲁民三终字第 151 号民事判决书。

专利权纠纷案中，法院认为："对于说明书记载而权利要求未记载的'正负极柱从壳体的一端导出，在束头上增加输出极柱，增加同一电池的输出量'的技术方案，应视为专利权人将其捐献给社会公众，不得在专利侵权诉讼中主张上述已捐献的内容属于等同特征所确定的范围。"[1] 又如在余立权与梁泽生侵害实用新型专利权纠纷案中，二审法院指出："因说明书附图已经公开了涉案专利权利要求 1 未记载的技术方案，故本案无需再审查被诉侵权产品上料格是否构成等同的问题。"[2] 在施必祥与淮安茂华置业公司等侵害实用新型专利权纠纷案中，法院判决的表述与此相同。

三、结　语

通过对中美两国相关判例的分析，可知美国在捐献原则的适用问题上已相对成熟，不仅厘清了其与等同原则的关系，还形成了具体的适用规则，在司法实践中的可操作性较强。而我国司法实践对捐献原则的适用则呈现碎片化趋向，虽然也能总结归纳出其操作步骤中的内在逻辑，但此逻辑并未能在某一个案中集中体现。当然，前述操作逻辑还有待理论与司法实践的进一步检验，从而形成相对一致的裁判思路。唯有如此，才能扩大捐献原则在我国的适用范围，提升专利保护的层次与深度。

[1] 参见（2016）浙 02 民初 41 号民事判决书。

[2] 参见（2015）粤高法民三终字第 499 号民事判决书。

功能性权利要求的形成及其特点

黄　敏[1]

摘　要

功能性权利要求是指由必要技术特征组合形成的权利要求中，对现有技术作出贡献的技术特征是采用功能性特征限定的。本文通过对比中美两国的专利立法及实践，对功能性权利要求的形成及特点作了研究和分析，指出确定功能性权利要求在美国是采用法律条款的规定来实现，在中国则是直接通过发明专利申请来实现。

关键词

功能性权利要求　中心限定　周边限定　说明书　实施例

---

[1] 作者单位：国家知识产权局。

功能性权利要求是指由必要技术特征组合形成的权利要求中，对现有技术作出贡献的技术特征是采用功能性特征限定的。

多年来，功能性权利要求一直是人们讨论的问题。原因之一是由于中国《专利法》及其实施细则中没有《美国专利法》第112条第6款“用于权利要求组合的一个要素可以用实现所述功能的装置或步骤表述，不需要详述支持它们的结构、材料或者动作，并且该权利要求应当被解释为覆盖了说明书中所说明的相应结构、材料或者动作以及其等同物”❶涉及功能性权利要求的规定，因此，中国发明专利申请中是否存在功能性权利要求就成为争论的热点；原因之二则是由于功能性权利要求能使发明具有最大的保护范围，因此，申请人为了能通过在中国申请发明专利来获得最大的权利，所以对功能性权利要求是否成立也给予了极大的关注。

本文将通过以下两个方面来探讨上述所说的问题。

一、功能性权利要求的形成

“说明书应当对发明作出清楚、完整的说明，以所属技术领域的技术人员能够实现为准；权利要求应当以说明书为依据，清楚、简要地限定要求专利保护的范围”是建立专利制度的基本原则，也是时至今日各个国家立法时所遵守的原则。

但是，由于各个国家立法时的历史背景不同，因此所制订的具体条款及实施方式就有所差别。中国《专利法》与《美国专利法》在立法的时间上相距近200年，立法时的历史背景也截然不同，所以要研究他们之间有关功能性权利要求的问题时，如果不考虑历史背景的差异，仅从字面上进行比对，结论必然是中国《专利法》中没有功能性权利要求的规定，从而中国发明专利申请中没有功能性权利要求。然而，查阅中国的专利文献时，在许多技术领域中都能发现存在功能性权利要求，且有的已经授予了专利权。因此要确定功能性权利要求在美国是采用法律条

❶ 原文为：“An element in a claim for a combination may be expressed as a means or step for performing a specified function without the recital of structure，material，or acts in support thereof，and such claim shall be construed to cover the corresponding structure，material，or acts described in the specification and equivalents thereof.”

款的规定来实现的，而在中国，则是直接通过发明专利申请来实现的原因，只能从功能性权利要求形成的过程中寻找答案。

（一）《美国专利法》第 112 条第 6 款的形成

《美国专利法》于 1790 年 4 月 10 日生效实施。此时的说明书中没有权利要求，只有发明的说明部分。

当时正处在产业革命时代，发明主要是以机械制造业为主。随着工业的迅速发展，那些容易与公知技术明显区分的开拓性发明逐渐被大量的改进性发明所替代。因此，说明书中泛泛记载发明内容的说明就无法反映出哪些部分是公知技术，哪些部分是新创造的内容，从而导致了公众与法院在进行判断什么是实际的发明时产生了极大的困难。于是在 1818 年，美国法院通过 Evans. v. Eaton 案的判决指出“对于机械的改进要求专利保护时，应当有义务将改进之所在表示出来”。该案件于 1828 年上诉到联邦最高法院时，法院对有关新旧技术区别的条件又给出了更严格、更明确地说明，即“说明书有两个目的：第一，使人知悉机械的构造方式，以便该行业者能够制作和使用，从而将发明的利益带给公众；第二，使公众知道所要求保护的发明是什么。说明书应该将发明与公知事物作区别。对于改进发明的说明书，只要将改进了何处，其构成为何，发明所涵盖的范围为何，均加以说明的话便已足够。但是若将新旧事项混合在一起，仅说明装置的整体，而并未说明属于发明改进的性质与界限的话，便不够充分。”由此，美国专利说明书中形成了两个主要部分，即背景技术及发明的最佳实施例。此时，对专利申请的审查则是将最佳实施例公开的发明与背景技术进行比较，以判断要求保护的发明是不是新的，是否是有用的。

随着产业的发展和技术多样化的结果，法院或者公众根据说明书的叙述又产生了无法判断是否存在侵权行为的问题。有时法院或者公众从说明书中所得出的结论甚至与申请人所要求保护的范围存在一定的差距。因此，申请人为了保护自身的权利，开始在说明书中根据所公开的最佳实施例利用权利要求（claim）的用语来明确所要求保护的范围。所以权利要求是申请人“发明”的，是一种自发的行为，因此撰写的情况十分混乱，且越用越普遍。为此，美国国会在 1836 年的《美国专利法》中明确规定：“完整的说明书应当以明确记载所要求保护的发明为终结”。由此，从法律上确定说明书中应当具有权利要求。同时，美国专利法中对权利要求的撰写也作了规定，即“申请人须将自己所发明或发现的零件、改良或者组合予以特别指定，指出……”。这样的撰写规定在学说上被认为是“中心限定论”。

“中心限定论”是指撰写的权利要求应当记载最佳实施例。

虽然“中心限定论”所撰写的权利要求是以发明的最佳实施例来表述的，但是，实际在理解时，则认为是包含所有等同实施例。结果在侵权判断时，如何从权利要求所限定的最佳实施例扩张到合理的保护范围就产生了困难，从而需要对权利要求的撰写进行修改。

1870 年，《美国专利法》对权利要求的撰写重新作了规定，即“申请人应当认为是自己的发明或者发现之制品，改良或组合予以具体的指出，明了地请求。”这样的修改使得对所要求专利保护范围的扩张责任转移给了申请人，使权利要求保护的范围从“中心限定论”转换为学说上被认为的“周边限定论”。

“周边限定论”是指所撰写的权利要求应当记载发明整体的上位概念。换句话说，就是权利要求应当清楚记载所要求保护发明的边界或周边的范围。

此时，《美国专利法实施细则》还明确规定权利要求应当由三个部分构成：第一部分为前序部分，包含要求组合的所有惯用的或已知的构件或步骤的一般说明；第二部分为连接部分；第三部分为主体部分，包括发明创造的全部特征，并且应当具体记载各个特征之间的关系或者彼此之间的互动。其中，所说的连接部分应当采用“wherein the important comprise”表述。

这种对权利要求撰写的规定使美国专利法转向周边限定论体系。并且通过实践逐渐将连接部分演变简化成“comprising”或“including”或“containing”或者是“characterised”，也可以是“consisting of”或者是“composed of”。上述四个词中的任一词作为连接词撰写成的权利要求被称为“开放式权利要求”，表明构成权利要求的全部技术特征之外，还有其他附加的技术特征；上述后面两个词中任意一个词作为连接部分撰写成的权利要求被称为“封闭式权利要求”，表示要求保护的范围仅限于权利要求的全部技术特征，不再有其他附加的技术特征。采用规定的连接部分撰写权利要求来表明要求保护范围的宽或窄，[1] 解决了按"中心限定论"撰写的权利要求在侵权时如何使保护范围合理扩张的难题。

1952年后，为了能更充分展现"周边限定论"体系撰写权利要求的方式，允许采用"功能＋装置（或方法）"来限定组合在权利要求中的技术特征，从而使《美国专利法》第112条第6款关于功能性权利要求的撰写方式得以采用法律条文的规定形成。

（二）中国发明专利申请中功能性权利要求的形成

中国《专利法》于1984年3月12日由第六届全国人大常委会第四次会议通过公布，1985年4月1日生效，是一部完整的专利法规。

此时之前，由于1970年6月19日在华盛顿签约的《专利合作条约》（PCT）以及1973年签订的《欧洲专利公约》都属于周边限定论体系的法规，因此使中国在建立专利制度时有所借鉴。

中国《专利法》是以周边限定论体系制定的。说明书中背景技术部分只需记载与发明最接近的现有技术，而发明的说明部分则通过实施例或者实施方式，包括由等同物构成的实施例对发明进行充分的公开；权利要求应当以说明书为依据，通过概括使所要求保护的发明在整体上以上位概念表述。

通过概括形成权利要求的撰写方式包含有两个方面，一方面是根据具体描述的实施例或者实施方式概括形成由必要技术特征组合成的技术方案，另一方面是将多个实施例或者实施方式中，对现有技术作出贡献的、相应的、具有相同功能但具体构成不同的装置、材料或动作概括成采用他们共同具有的功能性特征来限定所说的装置，材料或步骤。从而形成了功能性的权利要求。

为了理解中国发明专利申请中如何撰写形成功能性权利要求，下面通过"功能＋装置"及"功能＋步骤"两个案例进行说明。

【案例一】便携式牙刷（功能＋装置）

该发明要解决的问题是使牙刷、牙膏合成一体，便于携带和使用，

[1] 美国为了从中心限定体系转变为周边限定体系，采用连接用语的方式撰写权利要求来表述保护范围的宽与窄。这与当前大多数国家专利法中所规定的采用独立权利要求及从属权利要求表述保护范围的宽窄完全不同。采用连接词撰写的每项权利要求都是独立权利要求。据资料记载，美国的一件专利申请中，以连接用语方式撰写的独立权利要求竟达200多项。参见：穆勒．美国专利法［M］．3版．沈超，李华，吴晓辉，等，译．北京：知识产权出版社，2013.

以解决现有技术中牙刷与牙膏分离使用的缺陷。

说明书中公开了两个实施例：其一是，便携式牙刷是由牙刷本体，兼作刷柄的盒体和软袋牙膏组成，牙刷本体与盒体用铰链连接，盒体形状是细长方体，盒体上臂有一个形状，大小与刷毛相应的开口，当牙刷折叠起来放置时，牙刷刷毛正好扣入此开口中，盒体底部开有一个孔，置于软袋牙膏下方的一压板上有一凸块，该凸块从所述的孔中伸出，软袋牙膏放置在压板上，带有牙膏盖的软袋牙膏的出膏口与盒体上臂开口的位置相对应，当向上推动该凸块时，所说压块可挤压软袋牙膏，从而使牙膏挤到牙刷的刷毛上。盒体一端有端盖，其内壁上有 2～4 个凸起，它与盒体侧端外壁上的开口相卡紧。其二是，便携式牙刷是由牙刷本体、兼作刷柄的盒体和软袋牙膏组成，牙刷本体与盒体用铰链连接，盒体形状是细长方体，盒体顶壁有一个形状、大小与刷毛相应的开口，当牙刷折叠起来放置时，牙刷刷毛正好扣入此口中，在盒体远离刷毛那一端设置了一块可移动板来代替实施例一中所说的压板，该可移动板侧面有一个突出的拨块，盒体壁上与此拨块相对应的位置处开有一条沿盒体长边走向的长条形槽，可移动板上的拨块从此长条形槽中伸出，沿着长条形槽拨动拨块时，可以使可移动板沿着盒体长边方向移动，从而挤压软袋牙膏。

根据上述发明所公开的两个实施例，就可以着手撰写独立权利要求。

首先应当根据实施例所公开的发明进行概括。由于每个实施例都是一个能够独立实现所要求保护发明的一种方式，所以本案中的两个实施例应当分别进行概括，从而可以概括出两个并列的，由必要技术特征组成的独立权利要求：

权利要求 1：一种便携式牙刷，由牙刷本体兼作刷柄的盒体和置于盒体内的软袋牙膏组成，牙刷本体和盒体之间为可折叠连接，其特征在于，盒体的上臂上有一个形状、大小与刷毛相应的开口，该开口的位置可使牙刷本体的刷毛通过该开口扣入盒体中，软袋牙膏的出膏口与扣入开口的刷毛的位置相对应；盒体底部开有一个孔，置于软袋牙膏下方的一压板上有凸块，该凸块从所述的孔中伸出。

权利要求 2：一种便携式牙膏，由牙膏本体兼作刷柄的盒体和置于盒体内的软袋牙膏组成，牙刷本体和盒体之间为可折叠连接，其特征在于，盒体的上臂上有一个形状、大小与刷毛相应的开口，该开口的位置可使牙刷本体的刷毛通过该开口扣入盒体中，软袋牙膏的出膏口与扣入开口的刷毛的位置相对应；在盒体远离刷毛开口的那一端设置一块可移动板，该可移动板的侧面有一突出的拨块，在盒体壁上与此突出的拨块相对应的位置处，开有一条沿着盒体长边走向的长条形槽，可移动板上的突出拨块从此长条形槽中伸出，该突出拨块可沿此长条形槽移动。

当概括出两个并列的权利要求的技术方案后，应当将该两个技术方案进行对比，从中可以发现由于具有凸块的压板和具有突出拨块的可移动板所构成的相应的装置的不同而使得所概括出的并列的两个技术方案存在差异。然而，这两个装置虽然结构不同，但在各自的技术方案中都具有“用于挤压盒体内软袋牙膏”的相同功能，因此将该两个不同结构的装置概括成采用共同具有的功能来限定结构不同的装置就可将两个技术方案撰写成一项由“挤压软袋牙膏的装置”组合而成的独立权利要求：

权利要求：一种便携式牙刷，由牙刷本体、兼作刷柄的盒体和置于盒体内的软袋牙膏组成，牙刷本体和盒体之间为可折叠连接，其特征在于，盒体的上壁上有一个形状、大小与刷毛相应的开口，该开口的位置可使牙刷本体的刷毛通过该开口扣入盒体中，软袋牙膏的出膏口与扣入开口的刷毛的位置相对应，盒体中有一个挤压软袋牙膏的装置。

该独立权利要求覆盖了原先概括形成的两个并列权利要求的范围，而该两个并列的权利要求则分别成为该独立权利要求的从属权利要求。

上述案例通过分解概括的两个方面的处理过程，清楚地说明如何由此撰写出功能性权利要求。

申请人在理解了如何概括产生技术方案以及如何概括产生功能性特征的过程之后，完全可以一次性的根据说明书所公开的发明撰写出功能性权利要求。

便携式牙刷是一种产品，因此所撰写的权利要求是产品的功能性权利要求。

同样，方法类的功能性权利要求也是在概括方法的技术方案的同时，根据说明书所公开的多个实施方式中，将对现有技术方法作出贡献的、相应的、采用不同动作达到相同功能的步骤进行概括产生由功能性限定的步骤来形成的。参见案例二。

【案例二】制造圆柱形电容器下电极、圆柱形电容器和半导体器件的方法（申请日为 2000 年 4 月 30 日、申请号为 00106196.8）。

该发明的方法是在针对现有技术在制造圆柱形电容器下电极的方法

中，采用垂直入射光进行曝光，因此在圆柱形电容器的孔内不能留下足够多的光刻胶用于保护其内的导电膜，也不能彻底去除孔外的光刻胶，从而造成圆柱形电容器下电极间短路，导致生产率降低的缺陷而提出的。本发明的方法对曝光步骤进行了改进，采用相对于垂直于半导体衬底方向的入射角在10°以内的光线不超过晶片上整个入射光的50%。为实现所述的曝光条件，说明书中给出了5个实施方式。实施方式1是利用多角镜在Y轴方向移动晶片，从而对晶片的整个表面进行曝光；实施方式2是将晶片固定于工作台上，在曝光步骤中，利用$\theta=35°$的斜入射光中的宽平行束，该斜入射光的宽平形束应大到足以至少覆盖晶片表面上的所有半导体元件；实施方式3是使晶片固定于绕旋转轴旋转的工作台上，斜入射光中的宽平行束通过利用包括会聚透镜、光阑和准直透镜的光学系统形成；实施方式4是利用还原投影曝光系统进行曝光，首先从光源发射的入射光由反射镜会聚，在穿过延迟透镜后，在光积分器的作用下被均匀化，然后，入射光在σ光阑接受对它的分辨率调节，并进入准直透镜，被设置和合并成平行束，之后光进入原版并通过包括第一投影透镜、NA光阑和第二投影透镜的还原光学系统引进，然后进入晶体表面。在上述曝光系统中，光学系统设置成使光网上的垂直入射光直接垂直进入晶片，另一方面，到达光网表面上的斜入射光也斜向进入晶片。实施方式5与实施方式4不同之处在于将限制角度的滤光片（第一光瞳滤光片和第二光瞳滤光片）加到还原投影曝光系统的光学系统中。

说明书公开的5个实施方式中，对应的利用5种不同结构的装置达到相同的曝光功能。因此，通过概括可以撰写出本发明方法的功能性权利要求：

1. 一种制造半导体器件的圆柱形电容器下电极的方法，包括以下步骤：

在形成了半导体元件的半导体衬底上，形成层间绝缘膜；

在所述层间绝缘膜的预定区域中，开出一凹下部分作为圆柱形电容器下电极的模具；

在包括所述凹下部分的内壁的所述层间绝缘膜上，在不改变凹下部分形状的条件下，形成导电膜；

用正型光刻胶厚厚地涂覆所述导电膜，填充所述凹下部分；

曝光所述导电膜上的所述光刻胶，同时保留所述凹下部分内的所述光刻胶；

进行深腐蚀，选择性去除所述层间绝缘膜上的所述导电膜，同时保留所述凹下部分内的所述导电膜；

进行剥离，去除所述凹下部分内的所述光刻胶；其中

在所述曝光步骤中，至少是在所述下电极形成区中的曝光要满足：相对于垂直于半导体衬底方向的入射角在10°以内的光线不超过晶片上整个入射光的50%。

追溯专利制度的发展历程，证明中国的发明专利申请中，根据说明书所公开的发明实施例，是可以撰写出符合专利法有关周边限定体系规定的功能性权利要求的。而且其中的功能性特征是由实施例或实施方式中相应装置、材料或动作在技术方案中所起的相同作用概括产生。因此，在审查功能性权利要求时，只需确定该功能性权利要求是否以说明书为依据，是否能够实施即可。但是，由于美国的专利法是在工业革命初期，专利制度原始态的背景下建立的，许多具体实施法规只能在实践过程中由联邦巡回上诉法院（CAFC）通过判例进行指导、修正及完善，从而也限定了美国专利制度采用的是判例制（也称为“Case Law”）。因此，美国专利法中的功能性权利要求是经过曲曲折折的过程，直到1952年，最终通过专利法第112条第6款的规定完成法典化。然而由于受中心限定论的影响，在审查功能性权利要求时，往往习惯从现有技术着手进行判断。所以曾经使人认为美国对功能性权利要求的审批相当宽松。直到1994年联邦巡回上诉法院通过对Donaldson案例的判决中，在指出40多年来对功能性权利要求的审查过多的考虑现有技术是不恰当的同时，进一步给出“审查员可以给出装置加功能语言的‘最宽的合理的解释’是法律规定在第112条第6款中的说明，因此当作出专利性的决定时，美国专利商标局（USPTO）不可以不考虑在说明书中公开的与这种语言相应的结构”的教导，并且还给出了什么是功能性用语以及审查时，对功能性特征存在疑义时应当由申请人给予说明或证明等有关审查的具体规定。

比对之下，美国对功能性权利要求的撰写方式与审查规定都比中国实施的方式要复杂的多。这是因为时代背景的差异，使得美国对权利要求的撰写方式从历史上的中心限定论逐渐演化成为现在的在美国所适用

的周边限定论。[1] 所以，时至今日，除了《美国专利法》第112条6款对功能性权利要求的规定外，曾经于1870年到1952年之间采用连接词“comprising”等表示周边限定论的撰写及审查方式，至今依然习惯性的被应用。然而，在中国，功能性权利要求的撰写是直接依据说明书所公开的发明通过概括形成上位概念的技术方案来体现周边限定论的，因此，不存在采用所说的连接词撰写权利要求的方式。另外，中国只受理中文撰写的说明书及权利要求书，因此在审查和侵权判断时，是以中文文本为依据。当然，对于受理英文申请文本的国家而言，例如欧洲专利局，在其有关的法规中引入连接词的撰写方式应当是正常的，因为在审查或侵权判断时，直接面对的是由连接词撰写的英文文本，所以为了公平公正的保护采用英文申请人的利益，引入连接词的撰写并考虑美国专利审查及侵权判断的原则显然是必要的。

美国实施专利制度已有200多年，对于其后建立专利制度的国家提供了极其重要的经验和教训。但是，中国专利法规在采纳或引入美国或其他国家专利制度的经验及规定时，应当考虑历史背景及国情。

二、功能性权利要求的特点

获得专利权的功能性权利要求能使专利权人的利益得到最大的保护范围。换句话说，如果此时有生产或实施由实现相应功能的不同装置、材料或步骤组合形成的与获权的功能性权利要求同样的产品或方法，就构成侵权产品或方法。例如，前文所述便携式牙刷的功能性权利要求在获得专利权后，发现市场上销售的一种便携式牙刷除了挤压软袋牙膏的装置是在远离刷毛的盒体一端有一开孔，该端内设置一与盒体内壁滑动

[1] 美国现行的适合美国的周边限定论是由于美国专利制度发展过程造就的，与其他国家所实施的周边限定论在权利要求的撰写、审查及判断方面存在很大的不同。所以美国虽然是《专利合作条约》（PCT）的起草国之一，但是，由于权利要求的撰写、审查及判断的方式存在差别，因此，美国只承担PCT的国际检索工作，而不参与PCT的国际初步审查工作。另外，美国实行案例法，对统一和规范审查及判断的法律标准是有益的，但是，对错判（曾对永动机专利申请授予专利权）或不适当判决的案例来说，则需经过一段时间通过之后的案例才能纠正。所以有时会发现某些案例的判断及给出的规定比之前的判定更加严格，似乎对此类申请的保护范围明显收缩。然而，这种之后的案例仅仅是为了纠正之前的错判或不恰当的审查及判定，以使授权的标准更加符合专利法的基本立法原则。

配合的滑块，通过开孔推动滑块实现挤压软袋牙膏外，与获权的功能性权利要求的便携式牙刷完全相同，则该由滑块组成的便携式牙刷就构成侵权物。

但是，该通过盒体一端开孔推动滑块构成的便携式牙刷如果只是在该获权的功能性权利要求的申请日之后申请并公开的一件专利文献（未授权或已授权）或者是发表在杂志上的一篇文章则不构成侵权。这是因为专利权人的利益只有在市场经济中受到损害时才构成侵权，而文字上的公开并不会使专利权人在经济上受到任何侵害故不构成侵权。在此顺便提一下，功能性权利要求虽然保护范围最宽，但并不能垄断其所属的技术领域，所以对其进一步的具体改进的发明依然被允许，如果具有创造性的话，仍可获得专利权。

撰写成功能性的权利要求并非都能获得专利保护。因此，申请人在撰写功能性权利要求时，应当关注功能性权利要求能够获得专利权的一些特殊问题。

首先，功能性权利要求应当得到说明书的支持。功能性权利要求中的功能性特征是根据说明书所公开的两个以上的实施例或实施方式概括产生的，如果说明书中仅公开一个实施例或者实施方式时，是不可能撰写出功能性权利要求，即使人为的撰写成功能性权利要求，也无法得到说明书的支持。然而有一些发明，虽然在说明书中公开了多个实施例，且通过概括可以撰写出功能性权利要求，但是，由于其中的功能性特征与该发明中的其他技术特征之间存在相互制约或者应变的关系，而这种关系如果在说明书中并未公开，本领域技术人员也就无法知晓，那么这样撰写成的功能性权利要求也得不到说明书的支持。例如名称为“校正波阵面错误的透镜及其光学拾取器和校正方法”的发明专利申请，其权利要求如下：

1. 具有多个物镜的光学拾取器，其中多个物镜中的至少一个配置为使得主要由多个物镜中的所述至少一个的倾斜产生的波阵面错误类型与主要由光线入射到多个物镜中的所述至少一个的角度产生的波阵面错误类型相同，由此通过调整光入射到物镜的角度来校正由物镜倾斜产生的波阵面错误。

该发明的说明书中通过表2～表5的数据说明该发明能够实施的实例。但是，由于该发明是多个物镜的组合，因此各物镜表面的曲率半径、镜片厚度、镜片间距、镜片材料以及光入射在透镜上的角度都与实现所述功能性特征有密切联系，然而说明书中并未公开这些参数之间的关系，只是以实施例中记载的特定方式给予说明，使所属技术领域的技术人员不能明了此功能还可采用说明书中未提到的其他替代方式来完成，所以该功能性权利要求得不到说明书的支持。

当然，如果说明书中公开了功能性特征与发明的其他技术特征之间存在的相应关系，使本领域的技术人员能够实施功能性权利要求所要求保护的范围，则该功能性权利要求就得到说明书的支持。例如发明名称为“微波炉”的发明专利申请，其权利要求如下：

1. 一种微波炉，包括安置待加热食物的炉膛、通过波导管与旋转天线耦合的微波发生器，该旋转天线与炉膛的一壁相邻，用于将微波发生器所产生的微波能量辐射到炉膛中，其特征在于，旋转天线后面与之相邻的所述炉膛壁上安置有一个凹面反射器，用以向待加热的食物直射微波能量。

该发明在说明书中对微波炉的具体结构作了详细说明，特别是对现有技术作出贡献的凹面反射器的安置及功能给予充分公开，并指出为使通过凹面反射器所反射的微波能量集中到炉膛中心，并直接射到待加热的食物上，凹面反射器对于现有技术中典型的微波炉炉膛几何尺寸来说有用的倾角范围为25℃～40℃。因此，凹面反射器的倾角主要与炉膛壁的几何尺寸相关，所以凹面反射器的几何形状可以基本上模仿光学反射镜的方式来设计。

由此，本领域技术人员根据说明书所公开的内容，对各种几何尺寸炉膛的微波炉中所安置的凹面反射器来说，只需按照光学反射镜的方式进行设计就可以实现使微波能量直射到待加热的食物上。所以，该功能性权利要求得到说明书的支持。

其次，功能性权利要求应当不存在“下位（具体）概念损害上位（一般）概念的新颖性”的情况。

功能性权利要求中的功能性特征是由说明书所公开的实施例或者实施方式概括形成的上位概念的特征。如果现有技术中存在能完成该功能的具体结构组合形成的同样发明（可以是文字表述的，也可以是具体实物）时，则根据“下位概念损害上位概念的新颖性”的规定，该功能性权利要求就丧失新颖性。例如，前文中提及的“便携式牙刷”如果是一件正在实质审查的发明专利申请，其权利要求 1 中的功能性特征“挤压软袋牙膏的装置”是由说明书公开的两个实施例概括形成的上位概念的技术特征。此时，如果前文中所说的通过盒体一端开孔推动滑块挤压软袋牙膏（下位概念）组合成的同样便携式牙刷是一件现有技术，那么所审查的便携式牙刷申请中的功能性权利要求就丧失新颖性。因此，申请人在撰写功能性权利要求时应当了解现有技术中是否存在由下位概念组成的同样发明。但是，要求申请人对现有技术了如指掌显然是极其困难的，也是不现实的。为此，申请人在撰写出功能性权利要求之后，应当将说明书所公开的实施例分别以该功能性权利要求的从属权利要求撰写于其后。这样，即使该功能性权利要求丧失了新颖性，但是由于从属权利要求的存在，也使申请人的基本权利依然得到了保障。

通过对申请的功能性权利要求及授权的功能性权利要求的分析，发现申请的功能性权利要求中所说的功能性特征并不覆盖能够实现该功能的所有实施方式，一旦现有技术中存在能够实现该功能的任何具体结构组合成的同样发明时，该功能权利要求便不复存在，所以，申请的功能性权利要求中所说的功能性特征只覆盖说明书所公开的实施方式。然而，授权的功能性权利要求中所说的功能性特征则是覆盖了能够实施该功能的所有实施方式。

由此可以得出，申请的功能性权利要求是以申请日提交的说明书为依据，授权的功能性权利要求是以侵权日提交的侵权物为依据。从而证明申请的功能性权利要求与授权的功能性权利要求在保护范围上存在差异。

“局部要素”在我国外观设计制度中的运用

——以司法案例为分析视角

顾 昕[1]

摘 要

在我国没有规定局部外观设计制度的现状下，随着法律拟制的判断主体水平的变化，越来越多的“局部要素”对外观设计的相同或近似性判断产生重要影响。但由于部分法院确定的“局部要素”和权利人意图保护的局部并不一致，再加上行政保护机关和各级法院对“局部要素”的判断大相径庭而难以提前预测判断结果，“局部要素”在实务中仍无法替代局部外观设计的作用，有必要进一步考察是否在立法中引入局部外观设计制度。图形用户界面（GUI）保护的新问题无法通过引入局部外观设计制度解决。

关键词

局部外观设计　外观设计相同或近似性判断　一般消费者　图形用户界面　GUI

[1] 作者单位：国家知识产权局知识产权发展研究中心。

一、问题所在

所谓“局部外观设计”制度，是指对产品局部的设计创新进行保护的制度，无论是权利授予，还是侵权判断阶段，行政机关和法院都围绕着权利人提出申请的“局部”作出分析，得出是否赋予权利或构成侵权的结论。现阶段，我国《专利法》及其相关法律规定仅对工业品所使用的外观设计的整体予以保护，并没有单独对局部外观设计提供保护。外观设计的权利人欲着眼于产品局部创新而寻求保护时，往往将有创造性的局部结合其他本领域的常规设计提交相似外观设计合案申请，通过这些迂回的方式[1]来达到保护局部的目的。由于世界上主要知识产权国家均建立了局部外观设计制度，为与之相适应，我国无论在外观设计注册还是侵权判断环节均存在“变相”调整的现象。[2] 鉴于和世界各国交往过程中存在的制度成本，国内有学者呼吁建立局部外观设计制度。[3]

应研究者的呼吁和我国企业现阶段的发展需要，[4]《专利法修订草案

---

[1] 严若艳，吴溯，张越平，等. 局部外观设计保护制度研究［G］//国家知识产权局条法司. 专利法研究 2015. 北京：知识产权出版社，2018：165-180.

[2] 譬如局部外观设计申请人为了享有优先权，无论是我国申请人向国外提出国际申请，还是国际申请人欲在我国注册外观设计申请，均需要作出不同程度的调整。参见：严若艳，吴溯，张越平，等. 局部外观设计保护制度研究［G］//国家知识产权局条法司．专利法研究 2015. 北京：知识产权出版社，2018：165-180.

[3] 早在 2009 年，中国对单独设立局部外观设计必要性的研究尚不深入之时，即有学者提出有必要引入该制度，参见：管育鹰. 中日关于产品界面设计法律保护的比较研究［G］//国家知识产权局条法司. 专利法研究 2009. 北京：知识产权出版社，2010：186-200. 近些年，随着 GUI 外观设计保护的问题逐渐凸显，不少研究者主张引入局部外观设计制度，认为其可以更加精准地定位 GUI 的保护要素，参见：马云鹏. 中欧电子产品用户界面（GUI）外观设计保护比较研究［J］. 知识产权，2013（5）. 还有研究者通过比较美国的相关制度，得出我国应该引入局部外观设计制度的结论，参见：袁真富，朱华. “部分外观设计”的制度设计及其影响：以美国部分外观设计审查实践为借鉴［J］. 中国发明与专利，2016（11）. 也有研究者认为，相较于美国的局部外观设计制度，应该在限制客体保护范围内前提下探讨是否引入该制度，参见：吴溯，陈晓，秦锋. 美国部分外观设计保护制度和图形用户界面保护制度的发展及启示［J］. 电子知识产权，2014（9）.

[4] 国家知识产权局主页《专利法修订草案系列（2）局部外观设计保护制度》栏目中回答该草案新增局部外观设计制度的原因时指出：“随着经济社会发展，外观设计在提升产品市场竞争力方面的作用日益显著。近年来，随着我国企业设计水平和设计能力的不断提高，某些领域的外观设计已经具有国际水平。在设计创新的实践中，设计师有时候会作出具有颠覆性的产品整体设计，但更多时候是对产品的某些局部进行改良性的设计创新。因此，不论是从企业产品设计创新的角度，还是从设计发展规律来看，对产品局部的设计创新都已经成为产品设计的重要方式”。［EB/OL］. ［2018-01-15］. http：//www.sipo.gov.cn/ztzl/ywzt/zlfjqssxzdscxg/xylzlfxg/201704/t20170401_1309234.html.

(送审稿)》(2015年)中新增加了局部外观设计的规定。[1] 目前立法机关正在履行对该草案的审查程序，局部外观设计作为新增内容之一，一旦通过可以预见将会对产业产生重大影响，因而也是目前审查所关注的重点内容。

在先行研究文献中，诸多研究者从不同角度阐述了局部外观设计在国外的立法和司法情况、我国近期引入局部外观设计的紧迫性乃至条文的具体建议。[2] 然而在立法博弈阶段，促使立法者下定决心引入新制度的关键前提之一在于：现阶段采用的替代性解决方法仍无法从根本上满足现实需要，才需要建立新的制度。由于先行研究文献中尚没有从这个研究视角出发讨论立法必要性，因此这是本文区别于其他文献的视角创新所在，本文拟通过大量的案例分析得出可供立法参考的结论。具体而言，在我国现阶段没有"局部外观设计"的现状下，判断是否应该引入该制度的前提要件之一是厘清目前实务中所采用的"局部要素对判断外观设计专利有效及侵权与否的影响"是否能起到"实质性"替代局部外观设计的作用，如果能够基本起到替代作用且制度成本不高的话，似乎没有新增局部外观设计的必要；反之，若存在无法解决的问题，方有讨论引入的必要，且以实务中存在的问题为导向，才能制定出符合我国现实需要的局部外观设计制度。

---

[1] 《专利法修订草案（送审稿）》(2015年）修改后的第二条规定："外观设计，是指对产品的整体或者局部的形状、图案或者其结合以及色彩与形状、图案的结合所作出的富有美感并适于工业应用的新设计。"

[2] 早在2009年，中国对单独设立局部外观设计必要性的研究尚不深入之时，即有学者提出有必要引入该制度，参见：管育鹰．中日关于产品界面设计法律保护的比较研究［G］//国家知识产权局条法司．专利法研究2009. 北京：知识产权出版社，2010：186-200. 近些年，随着GUI外观设计保护的问题逐渐凸显，不少研究者主张引入局部外观设计制度，认为其可以更加精准地定位GUI的保护要素，参见：马云鹏．中欧电子产品用户界面（GUI）外观设计保护比较研究［J］. 知识产权，2013（5）. 还有研究者通过比较美国的相关制度，得出我国应该引入局部外观设计制度的结论，参见：袁真富，朱华．"部分外观设计"的制度设计及其影响：以美国部分外观设计审查实践为借鉴［J］. 中国发明与专利，2016（11）. 也有研究者认为，相较于美国的局部外观设计制度，应该在限制客体保护范围内前提下探讨是否引入该制度，参见：吴溯，陈晓，秦锋．美国部分外观设计保护制度和图形用户界面保护制度的发展及启示［J］. 电子知识产权，2014（9）.

二、对判断主体“一般消费者”的理解

《专利审查指南 2010》和《最高人民法院关于审理侵犯专利权纠纷案件应用法律若干问题的解释》❶（以下简称《专利权纠纷司法解释（一）》）中均规定在“整体观察、综合判断”❷原则下，“一般消费者”是外观设计相同或近似的判断主体。❸ 若单单从字面文义上理解，“一般消费者”由于没有捕捉产品细微变化能力，其从整体对外观设计进行观察的话，似乎“局部要素”难有太大介入的余地。但如下所述，“一般消费者”和“整体观察原则”的具体含义也存在一段变迁的过程。

（一）早期案件中对“一般消费者”的理解

在早期的相关诉讼案件中，对“一般消费者”的理解存在着明显的分歧。譬如在“路灯外观设计专利无效行政”案中，国家知识产权局专利复审委员会（以下简称“专利复审委员会”）在进行相同或相近似性判断时，以没有任何限定的“公众”作为判断主体，认为“路人”是一般消费者；❹ 而北京市第一中级人民法院则认为路灯的购买者以及安装、维护人员才是一般消费者，❺ 其理由在于：如果以公众作为判断外观设计是否相同或相近似的判断主体，就使得判断缺乏准确性与客观性，从而使判断失去意义；❻ 北京市高级人民法院则又推翻了北京市第一中级人民法院的一审判决，认为一审法院将消费群体定位于从事路灯制造、销售、购买和安装人员的观点不符合《审查指南 2001》对判断主体的规定，又重新支持了专利复审委员会的判断，认为将判断主体确定为过往行人的

❶ 该司法解释自 2010 年 1 月 1 日起施行。

❷ 《专利审查指南 2010》第四部分第五章第 5.2.4 节“整体观察、综合判断”；《专利权纠纷司法解释（一）》第 11 条规定“以外观设计的整体视觉效果进行综合判断”。

❸ 《专利审查指南 2010》第四部分第五章第 4 节；《专利权纠纷司法解释（一）》第 10 条。

❹ 国家知识产权局专利复审委员会 2004 年 9 月 8 日作出的第 6335 号无效宣告请求审查决定。

❺ 北京市第一中级人民法院（2005）一中行初字第 115 号行政判决书。

❻ 法院认为：“路灯除了具有照明功能外，还具有一定装饰功能，但由于类似于本案专利和对比文件的路灯产品是安装于几米高的电线杆的顶部，通常情况下或者因与公众距离较远，或者因路灯与公众所处的明显的高低位置关系而不便观察，故公众对于这类采用较为传统的上部为灯罩，灯罩内设有灯泡的路灯产品一般不会施以注意。”

做法并无不妥。[1] 在2005年的这个案件中，历经专利复审委员会、一审法院、二审法院的三次判断，最终将“一般消费者”的概念涵义定位成无任何限定条件的一般公众。

（二）“一般消费者”判断水平的变化

这种“一般消费者”的认定标准适用在随后的一些案件中出现了明显不合理的情况。例如，在“万丰摩托车轮”案[2]中论及摩托车轮的判断主体这一问题时，摩托车轮作为摩托车的中间产品，其购买者（组装商和维修商）必然不同于没有任何限制条件的一般公众，历经专利复审委员会和一审、二审法院乃至于最高人民法院的判断[3]后，该案最终将“一般消费者”的内涵扩张为“既包括组装商、维修商，也包括一般购买者、使用者”。

鉴于实务中出现的问题，《专利审查指南2010》在《审查指南2006》修改的基础上，进一步提高了消费者的认知能力，明确规定了“一般消费者”需要对“常用设计手法包括设计的转用、拼合、替换等”具有常识性的了解。[4] 甚至有观点以同属《专利法》应参照发明专利中“本领域技术人员”的规定为由，认为外观设计相同或相近似的判断主体的水平应该提高到了相关行业内的普通设计人员的水平。[5]

《专利审查指南2010》修改后的法院判决，明显提高了“一般消费

---

[1] 北京市高级人民法院（2005）高行终字第337号行政判决书。

[2] 该案的案例评释可参见：何怀文．外观设计专利：判断主体与设计空间：评最高人民法院“万丰摩托车轮”（2010）行提字第5号［J］．中国专利与商标，2012（1）．

[3] 国家知识产权局专利复审委员会于2009年7月23日作出的第13657号无效宣告请求审查决定；北京市第一中级人民法院（2009）一中知行初字第2719号行政判决书；北京市高级人民法院（2010）高行终字第467号行政判决书；最高人民法院（2010）行提字第5号行政判决书。

[4] 《专利审查指南2010》第四部分第五章“无效宣告程序中外观设计专利的审查”第4节中对“一般消费者”判断能力作了如下规定：“不同种类的产品具有不同的消费者群体。作为某种类外观设计产品的一般消费者应当具备下列特点：（1）对涉案专利申请日之前相同种类或者相近种类产品的外观设计及其常用设计手法具有常识性的了解。例如，对于汽车，其一般消费者应当对市场上销售的汽车以及诸如大众媒体中常见的汽车广告中所披露的信息等有所了解。常用设计手法包括设计的转用、拼合、替换等类型。（2）对外观设计产品之间在形状、图案以及色彩上的区别具有一定的分辨力，但不会注意到产品的形状、图案以及色彩的微小变化。”

[5] 应振芳，等．外观设计专利授权标准和保护范围［G］//国家知识产权局条法司．《专利法》及《专利法实施细则》第三次修改专题研究报告．北京：知识产权出版社，2006：473．

者”的认知能力，譬如在“房车外观设计”一案[1]中，法院认为：“界定一般消费者的知识水平与认知能力，应当考虑涉案专利同类产品的购买者群体，这类相关公众应当对市场上销售的房车以及媒体中常见的房车广告中宣传的信息有所了解，虽不具有这方面的设计能力，但在购买时亦会对房车设计改装前后的情况具有一定的常识性了解，通晓相关房车的外观设计状况。”

有实务领域的专家指出，对于外观设计相近似的判断，“一般消费者”作为日常类用品的判断主体时，其水平可以比较接近普通社会大众，而判断非日常类用品的外观设计时，“一般消费者”应该具有该类产品所特有的消费群体通常具有的消费知识水平，其认知能力往往要高于普通社会大众在这类产品上的认知水平。[2] 按照这种分类，上述案件中的路灯、摩托车轮以及房车等产品可以被认为是“非日常类用品（或中间产品）”，其对应的“一般消费者”应该是具有一定知识水平和认知能力的安装和维护人员，而不是最终使用者（一般公众）。这种观点不无道理，甚至随着近些年科技水平的迅猛发展，一些即便属于日常类用品的产品（如手机或 GUI 等电子产品），如果“一般消费者”对该类产品没有足够了解和认知，也无法判断外观设计是否相近似。

因此，在产品越来越精细化的现代社会，只有要求作为判断主体的“一般消费者”在该产品领域具有较强识别能力时，才可能注意到不同产品的细微差异，从而对外观设计近似与否作出判断。这也意味着只有当“一般消费者”的能力升级到一定程度之后，谈论“局部要素对整体判断原则的影响”这一问题才变得有实际意义。若仍固守前述 2005 年“路灯案件”中“一般消费者”为普通大众的判断标准，电子产品（手机和 GUI 等）的细微变化对于普通大众而言是无法察觉的，“局部要素”也根本无法代替“局部外观设计制度”的作用。

三、“局部要素”对外观设计相同或近似判断的影响

我国对于局部外观设计近似性判断的规定主要集中在《专利审查指

---

[1] 天津市高级人民法院（2014）津高民三终字第 0019 号民事判决书。

[2] 胡充寒. 外观设计专利侵权判定理论与实务研究［M］. 北京：法律出版社，2010：106-107.

南 2010》《专利权纠纷司法解释（一）》和《最高人民法院关于审理侵犯专利权纠纷案件应用法律若干问题的解释（二）》❶（以下简称《专利权纠纷司法解释（二）》）中。在 2010 年《专利权纠纷司法解释（一）》出台之前，法院在侵权判断中长期适用专利审查指南中有关无效宣告程序中外观设计专利的审查准则。所以我国外观设计侵权司法案件中，行政确权规则和司法侵权判定规则二者常常不加区分地予以适用。有法官和审查部门的专家甚至认为：行政授权、确权程序应与侵权判定坚持同样的标准，❷ 换言之，外观设计专利与在先设计的距离，和与社会公众的距离应该保持一致。❸ 所以，本文在论述时也不特别区分行政确权规则和司法侵权规则的适用领域。

（一）整体观察、综合判断原则

《专利审查指南 2010》《专利权纠纷司法解释（一）》中均明确规定，判断外观设计是否相同或实质相同时，整体观察、综合判断是最基本原则。

1. 整体观察、综合判断原则（整体视觉效果原则）

《专利审查指南 2010》中对整体观察、综合判断原则作出了规定：“对比时应当采用整体观察、综合判断的方式。所谓整体观察、综合判断是指由涉案专利与对比设计的整体来判断，而不从外观设计的部分或者局部出发得出判断结论。”❹

《专利权纠纷司法解释（一）》中规定了与之类似的整体视觉效果原则，虽然称谓不同，但实质内容基本相同。❺

2. 早期法院判决中适用整体观察、综合判断的原则的情况

（1）早期（2010 年以前）法院判决中较为贯彻“整体观察、综合判断”原则，很多判决未对局部要素的影响进行较为细致的分析，局部要

❶ 该司法解释自 2016 年 4 月 1 日起施行。

❷ 马云鹏．外观设计法律保护模式研究［M］．北京：知识产权出版社，2016：60.

❸ 林笑跃，刘稚，等．外观设计制度的完善［G］//国家知识产权局条法司．《专利法实施细则》修改专题研究报告：下卷．北京：知识产权出版社，2008：430.

❹ 《专利审查指南 2010》第四部分第五章第 5.2.4 节“整体观察、综合判断”。

❺ 《专利权纠纷司法解释（一）》第 11 条：“人民法院认定外观设计是否相同或者近似时，应当根据授权外观设计、被控侵权设计的设计特征，以外观设计的整体视觉效果进行综合判断…被控侵权设计与授权外观设计在整体视觉效果上无差异的，人民法院应当认定两者相同；在整体视觉效果上无实质性差异的，应当认定两者近似。”

素对整体判断的影响不大。

以菲亚特汽车外观设计侵权案[1]为例，法院提出在外观设计专利侵权判断中确定涉案专利和被控侵权物是否相同或近似，主要是将二者的“专利图形或照片中展示的形状、图案、色彩进行比较”。具体到该案中，法院将原告外观设计专利的图片，与被告被控侵权车型进行了比较，认为被告车型从主视图、左视图、右视图、后视图来看，均与原告涉案外观设计专利存在明显区别，特别是一般消费者所关注的车型前脸和尾部的区别最为明显，而这一明显区别导致一般消费者不会对二者构成误认。在该案中，法官虽然提及了消费者关注的部位（前脸和尾部）对整体判断的影响，但没有进一步分析理由，现有设计之外具有创新性的设计部分、功能性设计、设计空间等局部要素的分析都没有涉及。可以认为，该案中并没有论及具体要素如何“影响”整体判断原则，实质上还是依据整体判断的原则作出了是否侵权的结论。

即便在外观设计改进空间较小的豆皮外观设计案[2]中，法院在判断是否构成近似时也没有考虑局部要素的影响。法院将涉案外观设计专利和被控侵权的半圆形豆腐皮进行了比较，两者呈现的图案均质地均匀，整体的形状也都为半圆形，不同之处在于涉案专利为黄色，而被控侵权产品的颜色较淡。法院认为依据外观设计专利侵权判断的原则，两者外观构成相近似，被控侵权产品落入涉案专利的保护范围。考虑到豆皮作为我国自古流传下来的一种传统小吃，外观改进空间已经非常有限，法院既没有指出现有设计之外具有创新性的设计部分，也没有讨论设计空间的问题，可以认为是没有充分讨论局部要素的情况下直接作出是否类似的判断。

（2）此外，有些案例中虽然提到了局部要素，但法院认为权利人主张的局部创新部分不是影响“整体判断”的关键部分，最终依据法院认定的、可能影响整体的部分来判断是否构成侵权。这种认定方法结果等于实质上没有考虑权利人提出的局部要素的影响。

在菲亚特汽车外观设计侵权案的二审判决[3]中，法院认为原告权利人提出的“涉案专利的要部在于图片的侧视图部分，但一般消费者会对汽

[1] 石家庄市中级人民法院（2007）石民五初字第00115号民事判决书。

[2] 福建省高级人民法院（2005）闽民终字第215号民事判决书。

[3] 河北省高级人民法院（2008）冀民三终字第84号民事判决书。

车的脸部具有更大的兴趣……汽车的脸部应当是涉案专利的要部”，法院认定在该案中原被告的汽车脸部不类似，从而被告的汽车外观不构成侵权。

又如在荧光灯管外观设计专利侵权案件[1]中，法院虽然对权利人主张的局部进行了对比分析，并得出“被告的灯管在尺寸大小、弯曲弧度上与原告的专利产品略有不同”的判断，但从整体观察原则来看，法院认为二者“整体视觉效果基本相同，且属同一种照明产品，普通消费者很难区分两者之间的区别”，进而认定被告侵犯了原告产品“荧光灯管（四佛手）”的外观设计专利权。

3. 评价

法院早期的很多案例中较为贯彻“整体观察、综合判断”标准，在判断外观设计是否构成相同或近似时没有讨论权利人提出的局部创新要素，或者虽然对比了局部创新要素但认为在“整体观察原则”下这种局部要素的区别不能对整体判断构成影响。这种相对简单的判断手法，也导致了早期案件中的外观设计的相同或近似性判断标准并不明确，主观色彩较为突出。有法官因此感慨：“在我国的司法实践中，因实质相同的认定具有个案化色彩，不同产品外观设计所具有的异同点并不相同，对于其他案件通常较难具有参考价值。”[2]

（二）“局部要素”对外观设计相同或近似判断的影响

随着经济社会的快速发展，我国的立法和司法水平也进入了快速发展的轨道，知识产权领域也不例外。在积累了相当程度的经验之后，我国的立法和司法工作均朝着更为精细化的方向发展，逐步与国际发展水平接轨。虽然我国一直没有建立局部外观设计制度，但是在外观设计相同或近似性的判断上，越来越注重局部要素的影响。行政审查和司法侵权判断时也确立了一些局部要素对整体判断的影响规则。

1.“局部要素”对整体判断的影响规则

在坚持“整体观察、综合判断”大原则之下，《专利审查指南 2010》《专利权纠纷司法解释（一）》和《专利权纠纷司法解释（二）》规定了局部要素对整体判断的影响规则。笔者结合司法案例中经常出现的问题，

[1] 福建省厦门市中级人民法院（2007）厦民初字第 122 号民事判决书。

[2] 芮松艳．外观设计法体系化研究［D］．北京：中国社会科学院，2015．

总结主要判断规则如下。

(1) 正常使用时容易被看到的部位相较于其他部位，通常对外观设计的整体视觉效果更具有显著影响。[1]

(2) 和授权外观设计的其他设计特征相比，授权外观设计不同于现有设计的设计特征，通常情况下对外观设计的整体视觉效果更具有显著的影响。[2]

(3) 产品设计空间的大小对整体视觉效果也具有一定影响。设计空间较大的，一般消费者不太容易注意到不同设计之间存在的较小区别；设计空间较小的，一般消费者更加容易注意到不同设计之间存在的较小区别。[3]

(4) 反对规定：功能性设计特征对整体视觉判断不具有影响[4]。

2. “局部要素”对局部外观设计的部分替代作用

以2010年《专利权纠纷司法解释（一）》实施为契机，局部要素对外观设计侵权判断的影响明文规定在了司法解释之中，因此法院在司法判决中越来越注重考察局部要素对外观设计整体判断的影响。

在“蓄热板”外观设计案[5]中，最高人民法院认为被控侵权设计的

---

[1] 《专利审查指南2010》第四部分第五章第6.1节第（1）项：“对涉案专利与现有设计进行整体观察时，应当更关注使用时容易看到的部位，使用时容易看到部位的设计变化相对于不容易看到或者看不到部位的设计变化，通常对整体视觉效果更具有显著影响。”《专利权纠纷司法解释（一）》第11条第2款第1项：“下列情形，通常对外观设计的整体视觉效果更具有影响：（一）产品正常使用时容易被直接观察到的部位相对于其他部位”。

[2] 《专利审查指南2010)》第四部分第五章第6.1节第（2）项：“当产品上某些设计被证明是该类产品的惯常设计（如易拉罐产品的圆柱形状设计）时，其余设计的变化通常对整体视觉效果更具有显著的影响。”《专利权纠纷司法解释（一）》第11条第2款第2项：“下列情形，通常对外观设计的整体视觉效果更具有影响：……（二）授权外观设计区别于现有设计的设计特征相对于授权外观设计的其他设计特征。”

[3] 《专利权纠纷司法解释（二）》第14条：“人民法院在认定一般消费者对于外观设计所具有的知识水平和认知能力时，一般应当考虑被控侵权行为发生时授权外观设计所属相同或者相近种类产品的设计空间。设计空间较大的，人民法院可以认定一般消费者通常不容易注意到不同设计之间的较小区别；设计空间较小的，人民法院可以认定一般消费者通常更容易注意到不同设计之间的较小区别。”

[4] 《专利审查指南2010》第四部分第五章第6.1节第（3）项：“由产品的功能唯一限定的特定形状对整体视觉效果通常不具有显著的影响。”《专利权纠纷司法解释（一）》第11条第1款：“对于主要由技术功能决定的设计特征以及对整体视觉效果不产生影响的产品的材料、内部结构等特征，应当不予考虑。”

[5] 最高人民法院（2012）民提字第171号民事判决书。

“3条浅沟槽”处于产品的外表面，属于容易被消费者直接观察到的部位，对整体视觉效果产生显著影响，也导致在整体视觉效果上授权外观设计和被控期权产品产生了实质性差异。另一方面，最高人民法院判定涉案专利长方体两端接榫处的设计特征，属于“授权外观设计区别于现有设计的设计特征”，该特征对外观设计的整体视觉效果上更具有影响，两相对比之下，授权外观设计在长方体两端接榫处为类“S”形曲面，而被控侵权设计在长方体两端接榫处为纯弧形曲面，法院认为这点差别在整体视觉效果上产生了显著影响，也最终令二者具备了实质性差异，最终判定被控侵权的设计并没有落入授权外观设计专利权的保护范围。

除了最高人民法院在前述案件中提及的“容易观察到的部位”“区别于现有设计的设计特征”两种“局部要素”之外，各地法院也逐渐熟练运用其他“局部要素”对外观设计的相同或近似性进行综合判断。如在“鼠标”外观设计案[1]中，法院考虑到了产品“设计空间”要素的影响，法院认为“鼠标作为电脑外设产品，除了整体轮廓造型为贴合人体手掌微握形状以外，产品按键具体形状、背部花纹设计、按钮布局设计等均具有较大设计空间”，依据司法解释规定的“设计空间较大的，一般消费者不容易注意到不同设计之间的较小区别”的判断规则，在该案中涉案专利外观设计和被控侵权产品外观设计的不同点“仅属局部细微差异”，消费者不容易注意到其中的较小区别，该差异不会对整体视觉效果产生显著影响，所以被控侵权产品落入了涉案外观设计专利权的保护范围。

在“手机壳”外观设计案[2]中，法院则考虑到了功能性要素对整体判断的影响，在该案中认定：授权设计中为实现特定功能的手机壳孔位设计，在判断被控侵权产品是否采用与授权外观设计相同或近似的外观设计时，属于不予考虑的技术特征。

自《专利审查指南2010》以及《专利权纠纷司法解释（一）》于2010年施行以来，经过8年来的不断适应调整，无论在权利有效还是侵权与否的判断上，行政审查和司法裁判在对外观设计的相同和近似性作出判断时，已经形成对“局部要素”进行较为充分讨论的分析模式。“容易观察到的部位”“区别于现有设计的设计特征”“设计空间的大小”“排除功

[1] 广东省高级人民法院（2017）粤民终2661号民事判决书。

[2] 广东省广州市中级人民法院（2013）穗中法知民初字第562号民事判决书。

能性要素”等局部要素在各级法院判决中逐渐被熟练运用。虽然我国目前并未建立局部外观设计制度，但可以认为，“局部要素”对整体判断原则的影响已经起到了部分替代局部外观设计制度的作用。

（三）“局部要素”的局限性

现阶段实务中，“局部要素”对整体判断原则的影响已经起到了部分替代局部外观设计制度的作用。是否能够进一步认为，“局部要素”的存在既然可以替代局部外观设计制度发挥作用，那我们就没有必要在《专利法》第四次修改时建立局部外观设计制度呢？从下述两个案例中可以看到，“局部要素”替代局部外观设计制度在实务中运用，尚存在无法克服的弊端，因此得出这样的结论还为时尚早。

1. 偏离权利人保护意图的“局部要素”判断标准

以“手持淋浴喷头”外观设计案[1]为例，原告于 2012 年 11 月向浙江省台州市中级人民法院（以下简称“台州中院”）提起诉讼，认为被告生产销售的卫浴产品的而外观设计，与其拥有的“手持淋浴喷头”[2]外观设计专利产品相同或近似，构成侵权，请求法院判令被告停止侵害、销毁库存产品和模具并赔偿损失。

（1）台州中院比对之后认为原告涉案外观设计专利和被告被控侵权产品之间存在相同之处，同时也有 8 点不同之处。原告认为淋浴喷头的头部是涉案专利的设计特征，是值得单独考虑的“局部要素”，被控侵权产品的头部设计与其相同，请求法院认定构成侵害。而法院则认为设计特征存在两处，淋浴喷头产品的头部和手柄作为两个主要部分在使用产品时均容易被直接观察到，属于独立的设计特征。台州中院在比对这两处“局部要素”的设计特征后认为涉案专利外观设计和被控侵权产品之间在整体视觉效果上存在着实质性的差异，二者不构成近似，因而判定被告的产品不构成侵权。原告不服一审法院的判决，遂向浙江省高级人民法院（以下简称“浙江高院”）提起上诉。

（2）浙江高院支持了原告对涉案专利“局部要素”设计特征的主张，认为原告“明确其喷头跑道状的出水面为专利的设计特征和视觉要部，

[1] 浙江省台州市中级人民法院（2012）浙台知民初字第 573 号民事判决书；浙江省高级人民法院（2013）浙知终字第 255 号民事判决书；最高人民法院（2015）民提字第 23 号民事判决书。

[2] 型号：(NO. A4284410X2)；专利号：ZL200930193487. X。

而该部分确为涉案专利最具可识别度的设计，且占据了主要的视域面积，并能带来较为独特的设计美感"，而被控侵权设计采取了与之高度类似的设计，具备了涉案专利的该技术特征。浙江高院肯定了原告所主张的"喷头出水面设计"应作为重点考量要素，且被控侵权设计与涉案专利在该要素上构成近似。再结合其他构成近似的局部要素，[1] 浙江高院推翻了一审判决的结论，认为被控侵权产品落入了专利权保护范围，构成侵权。被告不服二审判决，向最高人民法院申请再审。

(3) 最高人民法院受理了被告的再审请求，同样也认可了一审原告所主张的出水面形状喷头设计是涉案外观设计专利权的特征之一，但是最高人民法院认为除了设计特征之外，能令整体视觉效果上产生明显差异的"非设计特征"以及外观设计产品正常使用时容易观察到的部位都是"局部要素"对整体判断的影响要素。

具体而言：①最高人民法院在确定涉案专利的设计特征时，参考了专利复审委员会第 17086 号无效宣告请求审查决定中提出的三点设计特征，[2] 认为除了原告主张的出水面形状喷头设计之外，喷头和过渡面形状、喷头宽度及手柄直径比例等也是能对整体视觉效果产生显著影响的设计特征；②最高人民法院提出即便是"非设计特征之外的区别设计特征"，只要能令被控侵权产品外观设计与涉案授权外观设计在整体视觉效果上产生明显差异，也是应该予以考虑的要素；③容易观察到的部位，如淋浴的出水面形状喷头、手柄及其连接处等位置，由于在正常使用时容易被直接观察到，因此在对整体视觉效果进行综合判断时应当重点考察。

综合上述三点因素，最终法院认为被控侵权产品的外观设计没有涵盖涉案授权外观设计的全部设计特征，且二者在喷头、手柄以及手柄连接处等位置的区别性设计特征明显不同，令二者在整体视觉效果上呈现出了明显的差异，无法认定构成相同或近似，因此被控侵权产品外观设计没有落入涉案外观设计专利权的保护范围。最高人民法院认为二审判决中仅重点考察了涉案授权外观设计出水面形状喷头设计（跑道状），但

[1] 二审法院还认为"淋浴喷头的整体轮廓、喷头与把手的长度分割比例等方面"被控侵权设计与涉案专利设计相比也非常相似。

[2] 国家知识产权局专利复审委员会第 17086 号决定认定涉案外观设计专利的设计特征有三点：一是喷头及其各面过渡的形状，二是喷头出水面形状，三是喷头宽度与手柄直径的比例。

没有考虑其他设计特征以及产品正常使用时容易观察到的部位上存在的区别性设计特征，二审法院据此认定二者构成近似的结论属于适用法律错误，予以纠正。最高人民法院推翻了二审法院判决，改判被控侵权产品的外观设计不构成侵权，重新维持了一审判决。

（4）评价。在该案中，原告权利人主张涉案外观设计专利的喷头部分是设计特征所在之处，也是判断与被控侵权设计相近似的决定性“局部要素”。而在一审判决中，法院认为除了涉案专利的喷头头部之外，还有另一个手柄处的“局部要素”。如果按照原告主张的“局部要素”单独来观察，被告产品设计也许会构成侵权，但法院将其主动认定的两个“局部要素”结合起来看，结果认为二者存在较大差异，被告产品并未落入外观设计专利权的保护范围，不构成侵权。

案件上诉到了二审法院，法院支持了原告权利人对“局部要素”设计特征的主张，明确喷头跑道状的出水面为专利的设计特征和视觉要部，据此推翻一审判决，判断被告产品落入涉案外观设计专利权保护范围，构成侵权。

在最高人民法院的再审阶段，法院尊重专利复审委员会作出的判断，继续沿袭了其在无效宣告请求审查决定中确定的三个设计特征作为“局部要素”，但在此基础之上，最高人民法院认为“非设计特征之外的区别设计特征”以及“容易被直接观察到的部位”，都是能够影响外观设计相同和近似性判断的“局部要素”，粗略估算，依照最高人民法院的标准，影响判断结论的“局部要素”在本案中至少达到 5 个以上。也就是说，面对同样一个案件，权利人认为影响整体判断的“局部要素”有 1 个，一审法院认为有 2 个，二审法院认为是 1 个，而最高人民法院认为应至少有 5 个以上。

的确，我国《专利审查指南 2010》《专利权纠纷司法解释（一）》和《专利权纠纷司法解释（二）》所确立的“局部要素”规则保障了在整体观察原则下，最大限度地全面规定了“局部要素”对涉案外观设计和被控侵权设计整体可能造成的影响。但是在具体案件中，法院分析考虑的“局部要素”越多，权利人真正想保护的“局部要素”（或者说如果引入局部外观设计制度权利人会申请局部外观的部分）反而被进一步“稀释”。像二审法院那样只考察权利人提出的“局部要素”的做法，最接近局部外观设计制度的保护模式；而像最高人民法院那种考虑多种“局部要素”的做法，反而无法聚焦权利人意图保护的局部特征，在一定程度上降低了权利人和相关公众的预测可能性。在这个意义上，“局部要素”在法院判决中日益精细化和复杂化的发展，反而离局部外观设计制度的宗旨越来越远，无法起到替代局部外观设计制度的目的。

2. “局部要素”判断的预期可能性问题

在手机外观设计案[1]中，体现了“局部要素”判断的另一个问题，即当事人无法提前预判有权判断机关如何确定“局部要素”的问题。2014年12月，深圳某公司认为苹果公司的两款手机（参见图1）侵犯其手机外观设计专利权（参见图2），遂请求北京市知识产权局责令行为人停止侵权行为。2016年5月，北京市知识产权局认定苹果公司的产品设计侵犯了权利人深圳某公司所拥有的外观设计专利，责令苹果公司在一定范围内停止销售手机产品。[2] 苹果公司不服该行政决定，以原告的身份向北京知识产权法院提起行政诉讼。在该案中，北京市知识产权局为被告，外观设计权利人深圳某公司为第三人。2017年3月，北京知识产权法院作出与北京市知识产权局结论相反的判决，判定苹果公司的产品未落入涉案专利的保护范围，不构成侵权。

图1　行政诉讼的原告苹果公司手机外观

[1] 北京知识产权法院（2016）京73行初2648号行政判决书。

[2] 北京市知识产权局京知执字（2016）854-16号专利侵权纠纷处理决定书。

图 2　行政诉讼第三人、涉案专利权人深圳某公司手机外观

（1）北京市知识产权局的判断如下：对于被控侵权产品与涉案专利外观设计产品是否相近似的问题，北京市知识产权局认为二者的设计特征存在 6 点差别，而其中前 5 点差别又属于均属于功能性设计，不应作为判断是否构成外观设计专利侵权的设计特征，第 6 点差别是侧面弧度。北京市知识产权局认为虽然二者存在细微差别，但属于一般消费者难以注意到的细微差别，可以认定为二者无显著区别，构成相近似，被控侵权产品落入涉案专利的保护范围。据此，北京市知识产权局判定苹果公司销售被控侵权手机产品的行为侵犯了权利人的外观设计专利权，责令相关主体停止销售被控侵权产品。苹果公司对北京市知识产权局的该项行政决定不服，以原告身份向北京知识产权法院提起行政诉讼。

（2）北京知识产权法院的判断如下：在事实认定部分，北京知识产权法院认为除了被告北京市知识产权局仅认定的 6 个涉案专利设计与被控侵权设计的区别设计特征之外，还存在原告苹果公司及第三人中复公司工体商场主张的其他区别设计特征。被告遗漏这些区别设计特征，属于事实认定错误，法院总结出 13 个区别设计特征。

对于北京市知识产权局认定属于功能性设计特征的 5 点差别（相对

应地，北京知识产权法院分解为7点差别），北京知识产权法院全部予以否定，认为这5点差别可以依据美观的需要进行选择，不属于功能性设计。

在法律认定部分，北京知识产权法院判断被控侵权设计与涉案专利设计是否构成近似，尤其是区别性设计特征对整体法律效果的影响时，重点分析了设计要部（更容易被消费者观察到部位）、设计要点（涉案专利设计区别于现有设计的设计特征）、设计空间对整体视觉要素的影响，结合各角度视图逐一分析之后得出如下分析结论："就一般消费者容易观察到的部位而言，被控侵权设计正面采用了与涉案专利设计截然不同且在同类手机中较为新颖的圆形按键，背面整体通过线条设计形成了明显的区域划分并且这些线条延伸到手机侧面，并与手机屏幕侧边形成对称的H型设计，设计独特，具有较强的装饰性，一般消费者较易察觉；同时，被控侵权设计在侧面添加了静音键，音量键样式亦与涉案专利设计不同，也会影响一般消费者的整体视觉效果。更为重要的是，涉案专利设计从正面到背面采用了非对称弧形设计和特定曲率的过度设计，这是涉案专利设计与现有设计产生明显区别的设计要点。而被控侵权设计采取的是完全对称的弧度设计，这也是被控侵权设计与涉案专利设计的明显区别之一。"北京知识产权法院引用最高人民法院在前述"手持淋雨喷头"外观设计案[1]中的提出的"如果被控侵权设计未包含授权外观设计区别于现有设计的全部设计特征，一般可以推定被控侵权设计与授权外观设计不近似"观点，认定"被控侵权设计与涉案专利设计的这一区别对整体视觉效果具有更为重要的影响"。进而认为，"总体而言，虽然被控侵权设计与涉案专利设计在手机形状、四角圆弧过渡、大屏幕、屏幕浮于基体表面等设计特征上存在相同之处，但二者的区别特征更为显著，且对整体视觉效果的影响更大。因此，被控侵权设计与涉案专利设计相比在整体视觉效果上具有实质性差异，与涉案专利设计不构成相同或相近似，未落入涉案专利设计的保护范围"。据此，北京知识产权法院认为北京市知识产权局作出的"二者无显著区别，属于相近似的外观设计"的行政决定结论错误，予以纠正。

（3）评价。北京市知识产权局认为涉案专利设计和被控侵权设计共

[1] 最高人民法院（2015）民提字第23号民事判决书。

有6点区别设计特征，其中的5点属于功能性设计特征；而北京知识产权法院则认为二者存在13点区别设计特征，并认为北京市知识产权局认定的5点功能性设计特征都不存在。通过该案可以非常直观地看出，对什么是影响外观设计整体判断的“局部要素”（设计特征），不同机构的判断结论大相径庭。在前述“手持淋雨喷头”案件中，一审、二审和再审法院之间的判断也不尽相同，而在苹果公司与深圳某公司手机外观设计案当中，行政机关和法院之间的判断差异则更为明显。

一般认为，相较于侵权阶段的判断由司法机关主导，在权利授予阶段更应该依靠审查机关的判断，毕竟不同行业的发展状况瞬息万变，不同行业的产业政策也千差万别，是否对某项外观设计予以授权，这项工作交由专业的行政审查机关更为合适。在已经建立局部外观设计制度的国家，权利人意图保护有创造性的“局部要素”可以通过申请局部外观设计而实现，但在我国尚未建立局部外观设计的情况下，只能通过对“局部要素”的考量来实现权利人保护局部的目的。这导致本来应该由行政审查机关承担的任务（确定“局部要素”是否能获得授权），在我国某种意义上变成由司法（或行政保护）来负担了。但如前述“手持淋雨喷头外观设计案”和“手机外观设计案”所示，在行政机关和司法机关之间乃至各级司法机关之间，面对同一个案件，由于对“局部要素”的判断不同，导致最后结论也大相径庭。因为无法通过司法案件归纳出可供参考的、具有预测性的标准，权利人及相关利害关系人无法事前预判“局部要素”能否获得类似单独保护（局部外观设计）的地位。可以认为，在我国目前司法解释以及法院确定的判定标准下，“局部要素”尚不能起到替代局部外观设计制度的作用。

四、图形用户界面带来的新问题

在学术界，专门针对图像用户界面（Graphical User Interface，GUI）进行讨论的文章比较少，❶ 但是在实务领域，图形用户界面是非常受瞩目

❶ 李小武. 回到外观设计保护制度的起点：从GUI的保护谈起［J］. 清华法学，2012（5）；李小武. 我国电子产品用户界面的外观设计保护的法律障碍［J］. 电子知识产权，2012（4）.

的问题，实务界专家撰写了不少文章，[1] 其观点几乎全部支持通过外观设计专利来保护图形用户界面。回应产业界的保护需求，2014 年 3 月 12 日，国家知识产权局颁布第 68 号令开启了我国对“图形用户界面的产品外观设计”的专利保护。[2]

（一）图形用户界面获得保护的条件：

修改后的《专利审查指南 2010》的相关章节规定了图形用户界面获得保护的条件。

1. 必须与产品结合

图形用户界面必须与产品结合作为整体才能获得保护。目前我国的《专利法》要求外观设计必须以产品为载体，[3]《专利审查指南 2010》中也将申请明确定为“包括图形用户界面的产品外观设计专利申请”。[4] 实务中，图形用户界面必须与手机、电脑等产品结合在一起才能获得保护。

2. 必须与人机交互相关或与实现产品功能相关

《专利审查指南 2010》中通过反向排除的措辞规定了图形用户界面须与人机交互相关或者与实现产品功能相关。[5] 一般来说，带设备专用界面、通用操作系统界面、软件界面、网页应用、图标等的产品，可以获得外观设计专利保护；而带网站网页的图文排版、带电子屏幕壁纸、带开关机画面等的产品，不能获得外观设计专利保护。[6]

[1] 其中既有介绍国外 GUI 的论文，参见：吴溯，陈晓，秦锋．美国部分外观设计制度和图形用户界面保护制度的发展及启示［J］．电子知识产权，2014（9）；黄细江．刍议图形用户界面外观设计的侵权损害赔偿：以苹果诉三星案为线索［J］．电子知识产权，2017（1/2）；马云鹏．中欧电子产品用户界面（GUI）外观设计保护比较研究［J］．知识产权，2013（5）。也有讨论我国 GUI 的保护模式的，参见：张龙钢．图形用户界面（GUI）的外观设计专利保护研究［J］．法制与经济，2015（1）；范莉．浅议 GUI 外观设计专利保护存在的问题与应对措施［J］．专利代理，2016（3）．

[2] 《国家知识产权局关于修改〈专利审查指南〉的决定》（局令第 68 号）。

[3] 《专利法》第 2 条：“外观设计，是指对产品的形状、图案或者其结合以及色彩与形状、图案的结合所作出的富有美感并适于工业应用的新设计。”

[4] 《专利审查指南 2010》第一部分第三章第 4.3 节第三段第（7）项。

[5] 《专利审查指南 2010》第一部分第三章第 7.4 节第一段第（11）项：“根据专利法第二条第四款的规定，以下属于不授予外观设计专利权的情形：……（11）游戏界面以及与人机交互无关或者与实现产品功能无关的产品显示装置所显示的图案，例如，电子屏幕壁纸、开关机画面、网站网页的图文排版。”

[6] 吴溯在知乎网站上对《软件的图形用户界面（GUI）设计能够申请专利保护吗?》的实名回答：［EB/OL］．［2018-01-15］．https：//www.zhihu.com/question/20762603.

3. 排除游戏界面

修改后的《专利审查指南 2010》排除了游戏界面获得图形用户界面外观设计保护的可能性。[1] 对于达到著作权法保护要求的游戏界面，权利人可以寻求著作权法的保护。

（二）我国首例图形用户界面侵权案件

截至 2018 年 1 月，国家知识产权局网站上可以检索到的已授权的图形用户界面专利已有 2.6 万多件。[2] 而在 2017 年 12 月 25 日北京知识产权法院宣判的中国第一例图形用户界面侵权案[3]中，法院基于“被控侵权软件并不属于外观设计产品”的理由判定不构成侵权，引发了各界的讨论，很多权利人担心已经申请的图形用户界面专利将很容易被侵权人规避，无法获得实质保护。

在该案中，涉案专利是名称为“带图形用户界面的电脑”的外观设计专利[4]（参见图 3、图 4），专利权人为原告奇智软件（北京）有限公司（以下简称“奇智公司”）和北京奇虎科技有限公司（以下简称“奇虎公司”）。原告奇虎公司与奇智公司起诉被告北京江民新科技术有限公司侵犯其“带图形用户界面的电脑”外观设计专利权，诉请判令被告停止侵权并进行损害赔偿。

1. 北京知识产权法院的判断

法院首先明确该案仍适用现有的外观设计侵权判定规则：涉案专利既然是“带图形用户界面的电脑”，在“该新类型外观设计并无专门侵权认定规则的情况下，该案的审理仍适用现有的外观设计侵权判定规则”。

---

[1] 《专利审查指南 2010》第一部分第三章第 7.4 节第一段第（11）项：“根据专利法第二条第四款的规定，以下属于不授予外观设计专利权的情形：……（11）游戏界面以及与人机交互无关或者与实现产品功能无关的产品显示装置所显示的图案，例如，电子屏幕壁纸、开关机画面、网站网页的图文排版。”

[2] 稚沄．敢问 GUI 专利保护路在何方：GUI 专利侵权第一案引发的思考［EB/OL］．［2018-01-15］．https：//mp.weixin.qq.com/s/M2GK3l2BmZ1IrWmx8USQJg.

[3] 北京知识产权法院（2016）京 73 民初 276 号民事判决书。

[4] 涉案专利号为 ZL201430329167.3，申请日为 2014 年 9 月 5 日，授权公告日为 2014 年 11 月 5 日，法律状态为授权有效。

图 3　涉案外观设计专利正视图[1]

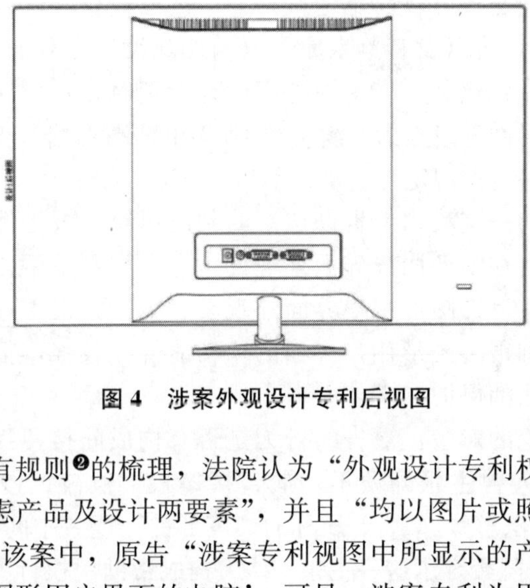

图 4　涉案外观设计专利后视图

通过对现有规则[2]的梳理，法院认为“外观设计专利权保护范围的确定需要同时考虑产品及设计两要素”，并且“均以图片或照片中所显示内容为依据”。在该案中，原告“涉案专利视图中所显示的产品为电脑，其名称亦为‘带图形用户界面的电脑’，可见，涉案专利为用于电脑产品上

---

[1] 图片来源：判决发布：北京知识产权法院审结国内首例图形用户界面外观设计专利侵权案[EB/OL].［2018-01-15］. http：//www.360doc.com/content/18/0105/21/40495959_719382143.shtml.

[2] 《专利法》第 59 条第 2 款：“外观设计专利权的保护范围以表示在图片或者照片中的该产品的外观设计为准，简要说明可以用于解释图片或者照片所表示的该产品的外观设计。”《专利权纠纷司法解释（一）》第 8 条：“在与外观设计专利产品相同或者相近种类产品上，采用与授权外观设计相同或者近似的外观设计的，人民法院应当认定被控侵权设计落入专利法第五十九条第二款规定的外观设计专利权的保护范围。”

的外观设计。'电脑'这一产品对于涉案专利的权利保护范围具有限定作用"。既然涉案专利为"带图形用户界面的电脑"，那么原告仅"有权禁止他人在与电脑相同或相近种类产品上使用相同或相近似的外观设计"。

而"被控侵权行为是被告向用户提供被控侵权软件的行为，因被控侵权软件并不属于外观设计产品的范畴，相应地，其与原告涉案专利的电脑产品不可能构成相同或相近种类的产品"。即便被告"被控侵权软件的用户界面与原告涉案专利的用户界面相同或相近似，被告被控侵权软件亦未落入涉案专利的保护范围"，不构成侵权。一审法院判定原告涉案专利权人败诉。

2. 评价

法院的判断逻辑可以简单地概括为：被控侵权软件因为没有与产品（电脑）相结合，所以没有落入原告电脑外观设计专利的权利保护范围。但问题在于，原告权利人在申请外观设计专利时，希冀保护的内容也是软件图形用户界面，只是为了满足2014年申请图形用户界面专利时必须与"产品"相结合的规定，才不得不与"电脑"相结合。

如果今后的法院裁判中贯彻该案的判决思路，被控侵权人只要提供的是软件，就落在图形用户界面外观设计专利权利范围之外的话，现在注册登记的2.6万件图形用户界面外观设计专利，很大一部分将无法获得保护。考虑到很多图形用户界面的"功能性"较强，很多情况下也无法获得著作权法的保护。

（1）解释论的对策：被告的行为是否有构成间接侵权的可能性。本案中原告权利人曾主张即便不构成直接侵权，但被控侵权软件亦属于《专利权纠纷司法解释（二）》所称的"零部件"或"中间物"，构成帮助侵权行为。[1] 法院否定了这一主张，认为构成帮助侵权行为的前提是用户具有直接实施涉案专利的行为（从属说）。而"本案中用户实施的行为仅为下载被控侵权软件至其电脑的行为，并不存在制造、许诺销售、销售电脑等行为"。考虑到我国外观设计权能中并不包括"使用"行为，在用户的直接行为（使用）不构成侵权的情况下，确实没有适用间接侵权的余地。

---

[1] 《专利权纠纷司法解释（二）》第21条明确了帮助、教唆侵犯专利权的行为在何种情况下构成《侵权责任法》第9条规定的帮助、教唆侵权。

（2）立法论的对策：图形用户界面设计本质上为一种软件，其并不像传统外观专利一般依赖于实体的产品载体，其本身的创新贡献就在于软件的展示界面。如果能将软件认定为一种可以获得外观设计专利权的产品，在侵权物同为软件的情况下自然就能落入涉案专利的保护范围。通过检索发现，最近图形用户界面专利授权文本中越来越多地出现了“用于××的图形用户界面”专利，将硬件产品仅作为图形用户界面的用途限定，[1] 如果能将图形用户界面本身认定为一种产品，保护这类专利授权文本将不存在任何法律上的障碍。

需要注意的是，引入局部外观设计制度并不能解决本案中所遇到的问题。对于图形用户界面的保护而言，引入“局部外观设计”能更加精确地定位保护的要素，有助于快捷、准确地判定外观设计的保护范围。[2] 但授权局部外观设计是产品而软件仍不属于产品的话，被疑侵权行为人仅提供软件的行为仍然不落入权利范围。

五、小　结

本文在起始部分提出一个问题：我国现阶段外观设计制度中对“局部要素”的运用能否替代局部外观设计制度的作用。如果答案是肯定的，则没有必要建立局部外观设计制度，反之，则应该坚持在《专利法修订草案》中增加局部外观设计的规定，并在《专利法实施细则》《专利审查指南2010》等规范性文件中建立起相配套的制度体系。本文旨在通过对我国立法和司法现状的分析得出可供立法者参考的结论。

对外观设计类似性进行判断时，判断主体的能力高低关系到对“局部要素”的注意程度。一般认为，判断主体能力越强，则更能注意观察到“局部要素”的细微差别；反之，则不容易注意到“局部要素”的细微差别。我国将“判断主体”定义为不具备较强专业能力的“一般消费者”，在早期案件中也有法院将其理解为“没有任何限制条件的一般公众”，这样的“一般消费者”在具体案件中无法观察到“局部要素”的细微差别。但随着“中间产品购买者”等案例的出现，法院逐渐提高了

---

[1] 稚沄．敢问GUI专利保护路在何方：GUI专利侵权第一案引发的思考［EB/OL］．［2018-01-15］．https：//mp.weixin.qq.com/s/M2GK3l2BmZ1IrWmx8USQJg.

[2] 马云鹏．中欧电子产品用户界面（GUI）外观设计保护比较研究［J］．知识产权，2013（5）．

“一般消费者”的判断能力，并在修订后的《专利审查指南 2010》和司法解释中予以确认。最终，我国虽然仍视“一般消费者”为判断主体，但通过修改关于“一般消费者”能力的规定，将其提升至类似行业内普通设计人员的水平，能够观察到“局部要素”的细微差别，这才具备讨论“局部要素”能否替代局部外观设计制度的前提条件。

早期（2010 年以前）法院判决中较为贯彻“整体观察、综合判断”（整体视觉效果）原则，在很多判决中未对局部要素展开较为细致的分析，局部要素对整体判断的影响不大。这种相对简单的判断手法，也导致了早期案件中的外观设计的相同或近似性判断标准并不明确，主观色彩较为突出。但是在 2010 年之后，随着中国知识产权立法和司法水平的不断提高，在外观设计相同或近似性的判断上，越来越注重局部要素的影响。审查指南和司法解释中确定的四个局部要素：“正常使用时容易被看到的部位”“授权外观设计区别于现有设计的设计特征”“设计空间的大小”“功能性设计特征”，在各级法院判决中逐渐被熟练运用。虽然我国目前并未建立局部外观设计制度，但对外观设计是否相同或近似作出判断时，“局部要素”已经起到了非常重要甚至关键的作用。在这样的大环境下，似乎“局部要素”已经可以替代局部外观设计制度发挥作用。

但通过对“手持淋浴喷头”案和“手机”案进行分析后发现：相较于局部外观设计制度，通过“局部要素”影响整体判断的方法仍存在难以克服的局限性。在“手持淋浴喷头”案的再审判决中，最高人民法院认为除了“容易被直接观察到的部位”和“设计特征”之外，甚至连“非设计特征之外的区别设计特征”也作为“局部要素”予以考量，导致在该案中需要考量的“局部要素”达 5 个以上，这样全面考量“局部要素”的判断方式无疑更接近“整体观察、综合判断”的根本原则，得出的结论可能也更客观全面；但其却“模糊了”权利人意图主动寻求保护的部分，反而无法聚焦权利人意图保护的局部特征，在一定程度上降低了权利人和相关公众的预测可能性。相反，在该案的二审判决中，二审法院聚焦权利人主张保护的“局部要素”，肯定了原告对涉案专利“局部要素”设计特征的主张。这种判断手法更加接近局部外观设计制度的保护趣旨。

“局部要素”难以替代局部外观设计制度的另一个局限性在于：不同机构对“局部要素”的判断结果也大相径庭，导致了权利人及相关利害关系人难以预测结果。在“手持淋浴喷头”案中，三个审级的法院对“局部要素”的确定均不相同；而“手机外观设计”案中，司法机关和行政机关对“局部要素”的判断也完全“南辕北辙”。可以认为，在我国目前司法解释以及法院确定的判定标准下，“局部要素”尚不能起到替代局部外观设计制度的作用。

我国首例图形用户界面侵权案件的宣判，给外观设计制度带来了新的挑战。作为“产品”获得授权的图形用户界面专利权人，无法规制被疑侵权人提供“软件”的行为。针对通过“引入局部外观设计制度”来解决这一问题的观点，本文提出引入外观设计制度并不能解决这个问题，只能通过立法正面解决问题之后，局部外观设计制度作为“锦上添花”的制度设计，起到更加清晰地划定保护界限的的作用。

综上，在我国立法和司法实践中，“局部要素”对外观设计近似性判断具有非常重要的影响，业已形成一套比较完整的判断规则，但由于仍存在难以克服的局限性，尚不能完全替代局部外观设计制度的作用，仍有必要继续研讨是否需要建立局部外观设计制度。

专利代理行业准入制度国内外比较研究[1]

谷 丽[2] 洪 晨[3] 丁 堃[4] 林德明[5]

摘 要

专利代理行业是专利制度高效运转的重要支撑，在我国专利申请量强势增长的现实下，专利代理行业准入问题成为目前知识产权事业的发展瓶颈。本文选取了美国、德国和日本三个专利代理服务行业发展相对成熟的国家，基于我国专利代理行业准入制度的现状，从管理机构、执业形式、报考条件、执业培训、诚信管理、执业保险等方面进行了比较，从中总结和分析了国内外专利代理行业准入制度的发展现状和制度特点。最后针对我国《专利代理行业发展“十三五”规划》的近期部署，提出针对性的启示建议，以期为我国专利制度创新提供参考借鉴。

关键词

专利代理 行业准入 准入制度 比较研究

---

[1] 本文系国家自然科学基金项目（71603038）、辽宁省社科规划基金项目一般项目（L17BGL021）研究成果。

[2][3][4][5] 作者单位：大连理工大学。

在知识经济的时代背景下，知识产权的服务水平已成为促进国民经济各大产业技术研发与保证市场公平竞争的重要因素。[1] 其中，专利代理行业是协助企业进行技术创新、促进创新成果向专利转化、有效提升专利质量、维护创新主体知识产权和实施知识产权战略的重要支撑。[2] 世界上实行专利制度的国家，都有专门从事专利代理事务的专利代理机构以及专利代理人。加快专利代理行业发展，进而推动经济社会发展已经成为各国的共识。[3]

国外专利代理行业发展时间较长，经验丰富，各具特色，专利代理服务体系相对成熟。[4] 与发达国家相比，我国专利代理行业尚存在发展较为不均衡等问题。[5] 本文主要选取专利代理服务行业发展比较成熟的三个国家——美国、德国和日本为研究对象，通过相关制度比较，厘清国内外专利代理行业准入制度方面的发展现状与特点；同时，在适度借鉴国外发达国家经验的基础上，针对《专利代理行业发展“十三五”规划》的近期部署，基于我国专利代理行业准入制度的现状，为我国专利代理行业发展提出启示和建议，以期为促进我国专利代理行业制度创新提供参考借鉴。

一、国内外专利代理行业的基本情况

专利代理机构和专利代理人是知识产权服务业的重要组成部分。本

[1] 丁巨涛，宋振东，张岗. 中国知识产权发展水平主要影响因素研究：基于《中国知识产权指数报告 2014》数据的实证分析 [J]. 科技进步与对策，2016，33（5）：133-138.

[2] BALDWIN C Y，HENKEL J. Modularity and intellectual property protection [J]. Strategic Management Journal，2015，36（11）：1637-1655.

[3] 毛牧然. 完善知识产权制度环境提升我国创新主体的创新能力 [J]. 科技管理研究，2017（5）：21-26.

[4] 杨红朝. 知识产权服务业培育视角下的知识产权服务体系发展研究 [J]. 科技管理研究，2014，（8）：176-180.

[5] 冯晓青. 基于技术创新与知识产权战略实施的知识产权服务体系构建研究 [J]. 科技进步与对策，2013，30（2）：112-114；沈仲衡. 论我国专利代理制度的完善 [J]. 科技与法律，2011，94（6）：61-66.

文选取了美国❶、德国❷、日本❸三个专利代理服务行业发展比较成熟的国家作为参照对象，从发明专利申请量、发明专利代理率、专利代理机构数量、专利代理人数量、专利代理人资格考试合格率等五个方面与中国❹的发展现状进行比较分析。相关数据如表 1 所示。

表 1　各国专利代理行业基本情况

	发明专利申请量/万件	发明专利代理率	专利代理机构数量/家	专利代理人数量/人	代理人资格考试合格率
美国	58.94 (2015 年)	95%	2 万	44924 (2016 年)	50%～60%
德国	6.69 (2015 年)	95%	17 (2015 年)	3543 (2015 年)	90%
日本	31.87 (2015 年)	91.4% (2013 年)	4163 (2013 年)	10660 (2015 年)	6.6% (2016 年)
中国	133.9 (2016 年)	71.5% (2016 年)	1511 (2016 年)	14875 (2016 年)	23.48% (2016 年)

注：来源于官方公布的最新更新数据。

通过对表 1 中的数据分析可知，相对于其他国家而言，美国的专利代理服务体系发展较为成熟。2016 年，美国共有注册专利代理人 44924 名，专利代理人的数量相当庞大，而且发明专利代理率也一直保持在 95%以上，这在很大程度上成为美国专利制度高效运转的重要保障。2015 年，德国的专利代理机构仅有 17 家，专利代理人 3545 名，但其专利代理率都高达 90%。这表明德国的专利代理资质获取要求十分严格，使得德国专利代理行业发展规范，专利代理质量较高。日本的发展模式与美国较为相似，相较于专利申请量而言，其专利代理机构和代理人的数量较为充足，而且 2013 年专利代理率也达到 91.4%；但是每年专利代

❶ USPTO. Patent Practitioner Home Page [EB/OL]. [2016-11-27]. https://oedci.uspto.gov/OEDCI/.

❷ DPMA. German Patent and Trade Mark Office Annual Report 2015 [EB/OL]. [2016-11-27]. https://www.dpma.de/docs/service/veroeffentlichungen/jahresberichte_en/annualreport2015.pdf.

❸ JPO. Japan Patent Office Statistics Data in 2015 [EB/OL]. [2016-11-27]. http://www.jpo.go.jp/english/statistics/statistics/index.html.

❹ 国家知识产权局. 专利代理管理系统-专利代理机构查询 [EB/OL]. [2016-11-27]. http://dlgl.sipo.gov.cn/txnqueryAgencyOrg.do.

理人的考试通过率非常低，近年来均仅有几个百分点。这表明日本专利代理人的资格考试十分严格，要求专利代理人具备较高的知识水平和业务能力，专利代理人素质较高。

与美国、德国和日本等专利代理服务行业发展比较成熟的国家相比，在专利申请量方面，2016 年中国发明专利申请量高达 133.9 万件，超过美日德三国年总申请量，与此同时，2016 年我国共有代理机构 1511 家，执业专利代理人近 1.5 万人，与我国专利申请数量全球首位的需求差距很大。而且与其他国家相比，2016 年我国的专利代理率只有 71.5%，也就是说仍有 1/4 以上的发明人没有经过代理服务而自行发明申请专利。这些数据都说明我国专利代理行业的现状无法满足专利申请与日俱增的需求。

分析其原因，一方面，我国专利代理行业起步时间晚，规模小，服务水平较低；另一方面，相较于科研人员总数来看，我国专利代理机构数量及专利代理人所占比例也远不如美国等发达国家。因而审慎地来看，我国的专利代理服务业距离全面协调可持续发展的要求还有一定的距离，专利代理行业服务能力亟待提高。

综上可见，美日德等发达国家的专利代理服务准入体系相对成熟，且其专利代理率、专利代理机构和专利代理人规模也一般高于中国。因此有必要在了解我国专利代理服务体系现状的基础上，通过与国际上发达国家的比较，研究我国专利代理行业准入制度方面的发展形势及其存在问题，找准差距，在充分借鉴外国经验的基础上，立足我国现实提出针对性的对策建议。

二、各国专利代理行业的准入制度

（一）美国专利代理行业准入制度

美国专利制度的主要依据为 1790 年颁布的《专利法法案》，后经屡次修改成为了美国专利制度的根源所在。在美国，对专利代理行业的管理主要依靠政府——美国专利商标局（USPTO）及其相关机构，并无全国性统一的专利代理人协会。[1]

---

[1] 邵琼. 国外专利代理行业管理的实践与启示［G］//中华全国专利代理人协会. 2013 年中华全国专利代理人协会年会暨第四届知识产权论坛，2013.

在资格获取方面，美国个人的专利代理行业准入按等级划分，分为专利代理人（patent agent）和专利律师（patent attorney）。专利律师比专利代理人要求更为严格，除须持有 USPTO 颁发的专利代理人执照，还需律师的职业资格执照，且在此基础上具有理工科背景的申请者才获准考试资格。专利律师的资格审查和注册工作由 USPTO 和注册与纪律办公室（OED）负责，审核除通过规定的考试外，还会对申请者的道德声誉进行调查。申请者只有在提交良好声誉证明书（Certificate of Good Standing）后，方可登记为专利律师。美国规定专利代理个人执业前，还须在 USPTO 进行注册登记，但并未强制规定执业前需有专利代理方面的实习经历。

尽管各州规范专利律师行为的州法不尽相同，但在代理机构组织形式方面各州均允许个人执业或合伙执业；至于法人形式，有一些州则不允许。目前，绝大多数原来的合伙制事务所都改成了有限责任合伙（Limited Liability Partnership，LLP）、有限责任公司（Limited Liability company，LLC）、专业服务公司（Professional Corporation，PC）等。但是，近年来，为处理日益复杂的诉讼代理和委托任务，共同经营的综合法律事务所的数量正在逐年增加，专利代理人被其他同行律师、企业、研究机构、政府机关雇佣的现象也并不鲜见。

（二）德国专利代理行业准入制度

德国对专利代理行业的机构和个人实行双头管理，既依靠德国专利商标局（DPMA）行政监管，又注重发挥律师协会自律作用。[1] 德国在专利代理方面表现得比较严格，导致德国专利律师资格获取难度较大。

在德国，仅有被专利代理事务所雇用的个人才称作专利律师或专利代理人（patentanwalt），受雇于企业的个人称作专利顾问律师（pantentassessor）。申请德国专利律师资格考试的要求如下：德国公民包括欧盟成员国公民或其他欧洲经济圈国家的公民、有工科技术基础、经过技术和法律方面的实习锻炼和教育培训。其培训内容包括担任专利代理人助理至少 26 个月，并在专利局及专利法院分别从事 2 个月和 6 个月的实习工作。正是因其资格考试报名条件中要求申请者必须具备丰富的专利工

[1] 孙彩红，宋世明. 国外知识产权管理体制的基本特征与经验借鉴［J］. 知识产权，2016 (4)：114-120.

作实践经历，所以德国资格考试通过率达到90%左右。德国资格考试交由DPMA考试委员会负责。专利律师考试合格后，需向DPMA申请执业资格证，并由律协颁发执照进而注册成为专利代理人。

德国专利代理机构有个人执业、合伙执业和有限公司三种组织形式，其中只有专利律师才能向专利局进行申请活动，且要求专利事务所的投资人必须拥有专利律师执业资格。有限公司制的代理机构须在区裁判所进行登记记录，经专利局上级认可，并向代理人协会咨询。

（三）日本专利代理行业准入制度

日本专利制度的基础是《弁理士法》，相关人士受管于日本特许厅（JPO）和弁理士协会。相较于其他国家，日本专利代理的考试合格率偏低。

日本将专利代理人称作“弁理士”。成为一名弁理士的条件有：日本公民或取得永久居留权、在日本国内拥有住所、年满20周岁、弁理士资格考试合格。日本弁理士考试合格率非常低，2015年的通过率为6.9%，2016年的通过率则仅有6.6%。除了通过弁理士的执业考试之外，报考者还须经职前训练且成绩及格才可以正式取得执照，并在日本弁理士会有注册记录的最终才可以成为登录执业的弁理士。

日本75%左右的专利事务所是一人设立，仅有约1%的专利事务所拥有10人以上。其中2名以上的弁理士事务所便可设置成法人单位，专利事务法人对所有业务享有权利并承担义务，其业务范围与代理人相同，可设置分支机构。[1] 通常采取具有资格的弁理士或律师与高素质的各行业专业技术工程师的“松散”组合形式，即由2～3个专利代理人发起设立一个专利事务所，专利申请及事务按不同技术领域划分，由各个领域的负责专家进行审核处理（专业技术人员多为兼职），能够有效确保专利事务的高效运行和专利申请更专业、更严谨。

（四）中国专利代理行业准入制度

我国规范专利代理行业的主要依据为《专利代理条例》，实行国家、地方两级知识产权局行政管理和中华全国专利代理人协会自律相结合的管理机制。

---

[1] 厉宁，王晓先，周笑足. 中外专利代理制度发展比较研究［J］. 知识产权，2007，17（2）：39-42.

在我国，报考专利代理人资格考试的相关要求有：高等院校理工科毕业（或同等学力）并掌握一门外语、从事过 2 年以上科学技术工作或法律工作、熟悉专利法和有关法律知识的 18 周岁以上的中国公民。通过考试的申请者经核查后，由国家知识产权局授予专利代理人资格并颁发资格证书，其后还需 1 年的专利代理机构实习经验，方可领取专利代理执业证。领取了专利代理人执业证书的个人应加入中华全国专利代理人协会，才可以正式执业。

根据我国《专利代理管理办法》（以下简称《办法》）规定，有两种专利代理机构最低规模：一是不少于 3 名合伙人（专利代理人）的符合《办法》的合伙制专利代理机构，二是不少于 5 名股东（专利代理人）的符合《办法》的有限责任制专利代理机构。实践中，为改变目前代理机构“重代理、轻管理”的弊病，吸引高级管理人员参与相关工作，存在非专利代理人成为股东的需求。

三、各国专利代理行业准入制度的比较

基于对美、德、日、中的专利代理行业准入制度的梳理，可将各国相关制度整理分析如表 2 所示。

表 2　各国专利代理行业准入制度比较

	专利代理管理机构	执业形式	专利代理人资质考试报名条件是否需要理工科背景	专利代理人考试资格获得是否需要相关实践经验	执业前是否需要持有双证	执业前是否要求培训	是否对专利代理人道德诚信进行管理	是否强制要求专利代理人参加执业保险
美国	美国专利商标局（USPTO）	个人执业、合伙制、有限责任制	是	是	是	否	是	否
德国	德国专利商标局（DPMA）& 律师协会	个人执业、合伙制、有限责任制	是	是	是	是	是	是

续表

	专利代理管理机构	执业形式	专利代理人资质考试报名条件是否需要理工科背景	专利代理人考试资格获得是否需要相关实践经验	执业前是否需要持有双证	执业前是否要求培训	是否对专利代理人道德诚信进行管理	是否强制要求专利代理人参加执业保险
日本	日本特许厅（JPO）&专利代理人协会	个人执业、合伙执业	否	否	是	是	是	是
中国	国家知识产权局&中华全国专利代理人协会	合伙制、有限责任制	是	是	是	是	是	否

由表 2 专利代理行业准入制度比较可以发现，国内外专利代理行业准入制度的特点如下。

（一）专利代理人严准入

首先，从专利代理人的个人准入条件角度，国外发达国家对专利代理人的资格获取条件比较严格。发达国家与我国均采取了双证制，即专利代理人（专利律师）在相关机构登记注册正式执业前，需先通过专利代理人资格考试取得专利代理人执照，还需持有相关执业资格证。但在取得执业资格前的相关培训实践要求方面，日、美、法等国更为严格。其次，比起从事其他工作的经历，其他发达国家普遍更加重视专利代理人在取得代理人资格之前从事专利代理相关事务的实践经验。

（二）专利代理机构宽准入

与专利代理人资质要求相反，在代理机构市场准入方面，上述发达国家制度普遍宽松。而我国《专利代理条例》第 17 条则明令禁止专利代理人采取个人执业，且专利代理机构最低规模仍需不少于 3 名（合伙制）或 5 名（有限责任制）的专利代理人。在专利代理人资格考试低通过率的背景下，代理机构的获准执业的门槛相对较高。

（三）注重道德诚信与监督管理

上述发达国家在专利代理行业准入的监督管理上都非常注重对专利代理人道德诚信的建设和管理。[1] 在制度层面，其他发达国家首先有针对专利律师道德诚信的法律规定；其次这些法律规定都有对专利代理人道德诚信方面的具体要求和解释，如禁止专利代理人散播虚假或误导信息，禁止其同时接受存在利益冲突客户的委托等。道德诚信问题不仅规范着专利代理人和专利代理机构的执业行为，甚至可以成为其惩戒事由。我国在道德诚信监督管理方面，《专利代理管理办法》中有关于道德诚信问题的相关描述，但对于制度层面和道德层面的具体规定尚不详实完备。[2]

四、对我国专利代理行业准入制度的启示

在我国知识产权战略不断推进的背景下，我国专利申请量连续 5 年位居世界首位，专利申请量的强势增长使社会对于知识产权服务的需求大大提升。[3] 专利代理行业重要性凸显，发展空间巨大，这势必带动专利代理机构和专利代理人数量的激增。因此，专利代理行业的准入问题成为目前我国知识产权事业发展的瓶颈。[4] 为进一步促进专利代理行业的发展，规范专利代理行业的准入制度，国家近几年相继出台一系列相关政策。2017 年 2 月，国家知识产权局在《专利代理行业发展“十三五”规划》中指出，要“扩大专利代理领域开放程度，放宽对专利代理机构股东和合伙人的条件限制”“拓展执业形式，探索个人事务所制度试点”等。2015 年 12 月，国务院在《关于新形势下加快知识产权强国建设的若干意见》中明确指出，要“放宽知识产权服务业准入，促进服务业优质高效发展，加快建设知识产权的服务业集聚区”，“扩大专利代理领域开

---

❶ KRIKORIANG KAPCZYNSKIA. Access to Knowledge in the Age of Intellectual Property [M]. Cambridge：The Mit Press，2011：1.

❷ 唐大立，胡明悦. 专利代理行业的行政监管与行业自律问题研究 [J]. 知识产权，2013 (10)：90-96.

❸ 张丽娜，谭章禄. 协同创新与知识产权的冲突分析 [J]. 科技管理研究，2013 (6)：163-166.

❹ DANP. Dulling the cutting-edge：How Patent Related Policies and Practices Hamper Innovation in China [R]. European Union Chamber of Commerce in China Publications，2012.

放，放宽对专利代理机构的股东或合伙人条件限制"，"完善执业信息披露制度，及时公开知识产权代理机构和从业人员信用评价"等。

在立足我国专利代理行业准入制度的发展实践基础上，本文借鉴国际经验，总结提出以下几点对于我国专利代理准入制度发展创新的启示。

（一）适度放宽专利代理机构行业准入门槛

通过上述专业代理准入制度的比较可发现，我国专利代理机构市场准入要求较为严格。世界上大多数国家允许取得执业资格的专利代理人以个人执业方式运营，我国却明文规定禁止个人执业。

禁止个人执业在一定程度上能够有效保障委托人的合法权利，提升专利代理服务整体水平，减小个人执业的风险。目前我国专利代理机构准入难度较高，代理率偏低。参照国际通行方法，为推动我国专利代理行业发展，建议适当降低代理机构准入门槛，打开个人执业桎梏；放宽对专利代理机构股东或合伙人的条件限制，有助于专利代理行业高质量、高效率发展，[1] 以及构建知识产权服务业集聚区。为降低执业风险，可学习德、日等国，强制规定专利代理人必须参加职业责任险并缴纳执业保证金，以维护客户的合法权益。

（二）完善专利代理执业考核制度

由于专利代理行业涉及专业领域颇多，对于专利代理人处理专利事务的严谨性和专利申请的高效性要求也越来越高，为推进专利代理高素质人才队伍建设，严格有力的执业考核不可或缺。[2] 国际上，对于专利代理个人准入资质均有比较严格的要求，大部分国家均拥有严格复杂的考试制度，并要求申请者在取得专利代理人资格之前具备从事专利代理相关事务的实践经验。

借鉴国际经验，我国应加强对于专利代理人的执业考核，优化资格考试制度，以考生的实际工作能力和全面法律知识为考核目标，可适度增加主观题型、口试考试等，以便更为准确地了解考生的实际水平；规

---

[1] YOO W J. A Study on the Effect of Service Quality in Intellectual Property Management Consulting on Intellectual Property Performance Mediated by the Intellectual Property Activity [J]. The Journal of Intellectual Property, 2015, 10 (3): 239-266.

[2] 厉宁，黄海，周笑足. 实施知识产权战略环境下我国专利代理业发展的十大举措 [J]. 中国科技论坛，2007 (6): 121-124.

范专利代理行业准入前的实习培训内容及时长要求，地方知识产权局可与地方高校、研究基地、大型企业等共建知识产权培训学习小组，定期委派高级专利代理人或国内外同行专家进行知识产权理论学习、实务操作训练、执业道德培训等，以提升专利代理人才队伍的执业能力和职业诚信水平，并将实习培训相关要求纳入执业资格考核体系，规定其作为考试资格获取的必要条件。上述做法一方面可加强代理服务的执业考核，另一方面也可确保专利代理人才队伍的稳定，避免其数量在短期内的不适当扩充。

（三）强化信息披露在专利代理准入中的作用

完善的代理信息披露制度，不仅可以提高代理机构的服务水平，规范代理人的执业行为，还能从源头上有效限制不合格的代理机构或个人进入行业。❶ 但目前我国专利代理的信息披露机制建设尚未完成，其在专利代理行业准入制度中的作用还有待加强。

相比而言，美、德、日等发达国家在专利代理行业准入方面都非常注重信息披露机制的作用。如美国专利法中明确规定专利律师是信息披露的义务人之一，其注册与纪律办公室也会对申请注册成为专利律师的人进行道德声誉调查审核。因此，信息披露制度实质上是对公众利益和专利申请人的保护制度，❷ 通过加强对专利代理机构及个人的基本情况、人事关系、相关实践经历、道德信誉、资产证明等信息的披露，确保应该被批准设立的代理机构能够设立、应该被允许执业的代理人能够执业，排除不能被准入的专利代理机构或个人，以保证行业发展的稳定性和可持续性。

（四）健全专利代理行业监管机制

目前我国知识产权服务业在监管方面尚不完善。为培育良好的专利代理服务市场，应在完善相关立法的基础上，积极发挥政府部门引导、支持、监管的作用，开展专利代理服务质量评价考核，及时治理代理活

---

❶ OLIN J M. The Disclosure Function of the Patent System [J]. Harvard Law Review, 2005, 118: 2007.

❷ SONG C H. Creating Commercial Value from Patents: the Interplay between Patent Protection and Patent Information Management [J]. Pharmaceutical Patent Analyst, 2016, 5 (6): 361-365.

动中的违法行为，并建立健全严格的奖惩制度。

具体操作层面，立足我国发展实践，为健全专利代理准入的监管制度，可借鉴国外惩戒制度及律师行业管理经验，通过政府或行业协会的权威，设立代理机构及代理人的信用标准尺度，以行业内部评价或认证活动的形式，考核其能力及信用，并将恶意侵权行为纳入社会信用评价体系，同时向社会公示。专利代理行业还可参照律师的等级评审机制，对于信用不达标、等级过低的机构或个人限制其进入专利代理行业。年审时，将违规、违法的代理机构或代理人的不当行为记入其信用档案并在相关媒体上公布，责令其在一定期限内停止承接新代理业务，情节严重者吊销执业资格等。

五、结论与展望

知识产权服务是高技术服务业发展的重点领域，同时是决定一个国家综合竞争力的核心。国际上，发达国家专利服务体系起步较早，其职能要求已覆盖了整个专利活动全过程，专利代理行业准入制度也相对成熟，具有专利代理人严准入、专利代理机构宽准入及注重道德诚信与监督管理等特点。

近年来，随着我国专利申请量的快速增长，专利代理服务的社会需求迅猛增加，行业准入问题也随之凸显。目前我国专利代理行业准入制度仍存在诸多问题，如相对严格的行业准入制度使专利代理机构难以进入市场，相对宽松的个人准入制度致使专利代理服务质量较低等。本文以我国专利代理行业准入制度为基础，通过与发达国家相对成熟的专利代理服务体系进行比较，借鉴相关先进经验，从准入门槛、考核制度、信息披露以及监管机制等四个方面提出对策建议，从而为进一步完善我国专利代理行业准入制度、规范专利代理服务行业的发展提供参考借鉴。笔者在已有研究的基础上，今后将继续围绕我国专利代理行业相关制度进行深入研究，从政策分析的角度对专利代理行业运营、评价、监管等方面进一步讨论，进而为我国专利制度创新提供更为有效的参考借鉴。

我国共享经济的知识产权争议

顾　昕[1]　谭　毅[2]

摘　要

本文旨在介绍我国共享经济领域的知识产权争议问题。第一部分梳理共享经济相关的知识产权诉讼案件，案件主要集中在专利领域，技术门槛相对不高，获取融资、阻碍公司上市、抢注商标可能是权利人提起诉讼的背后原因。第二部分讨论是否应该对共享经济商业模式提供专利法保护。由于对技术性的强调，现阶段在我国获得商业方法专利并保持有效是相对困难的。从共享经济产业整体和企业经营状况来看，用专利保护纯粹商业模式的迫切性不强，制度设计需通盘考虑其他产业的发展状况。

关键词

共享经济商业模式　商业方法专利

[1] 作者单位：国家知识产权局知识产权发展研究中心。
[2] 作者单位：国家知识产权局专利局电学发明审查部。

近些年，我国共享经济蓬勃发展，已成为全球共享经济的创新者和引领者之一，尤其在共享单车等领域的商业成绩令人瞩目，预计未来5年，我国共享经济仍有望保持高速增长。[1] 在我国，共享经济领域的知识产权诉讼绝对数量虽然不多，但因为攸关共享经济产业的发展，往往能够引发广泛的关注。

一、我国共享经济相关的知识产权诉讼

我国共享经济相关的知识产权诉讼主要集中在专利领域，特别是共享单车和共享充电宝产品，商标领域也偶有涉及。

（一）共享单车解锁技术专利侵权案件

2017年4月，涉案专利为“一种电动车控制系统及其操作方法”的专利权人（原告）起诉我国共享单车企业（被告），认为其生产并投放市场的共享单车锁控系统落入了涉案专利权的保护范围，要求停止使用涉案专利并赔偿相应损失。[2]

该起诉讼在业内引起了轩然大波，如果原告主张的停止制造、使用甚至销毁已投放产品的请求被法院支持的话，意味着被告在海内外超过100个城市投放的500万辆共享单车将无法使用。[3] 鉴于被告在共享单车领域的优势地位，如果出现不利于被告的结果，毫无疑问将影响共享单车行业的发展前景。

经审理，上海知识产权法院认为双方的技术方案并不相同：原告的技术方案为两方互动认证，涉案专利权利要求记载的技术特征为“二维码识别器、图形解码器……与二维码比对器”为“电连接”的方式，电动车上安装的摄像头识别出对应的二维码即可解锁；而被告企业的技术则存在三方互动，“图形解码器与二维码比对器之间为无线信号连接，没有物理接触”，用户手机拍照共享单车上的二维码，通过验证后连接互联

---

[1] 国家信息中心分享经济研究中心和中国互联网协会分享经济工作委员会．中国共享经济发展年度报告（2018）[R/OL]．[2018-07-24]．http：//www.sic.gov.cn/News/568/8873.htm.

[2] 胡涛与摩拜（北京）信息技术有限公司侵害发明专利权纠纷案［上海市知识产权法院民事判决书（2017）沪73民初278号］。

[3] 摩拜已入驻海内外130座城市，行业第一实至名归［EB/OL］．［2018-07-25］．http：//www.sohu.com/a/152674396_99912208.

网上的云端服务器，成功后得以解锁。

同年 9 月，上海知识产权法院宣判：被告公司的解锁技术没有落入原告所持专利的保护范围，不构成侵权。被告共享单车公司得以继续使用解锁技术运营共享单车。

（二）共享充电宝充电装置专利侵权案件

2016 年 7 月，某共享充电宝企业（一审原告，二审被上诉人）认为自己持有的“移动电源租借终端”[1] 和“吸纳式充电装置”[2] 专利遭受侵犯，向另一家提供相同类型产品的企业（一审被告，二审上述人）提起诉讼，要求对方停止制造、销售、许诺销售专利产品并赔偿损失。该案是我国共享充电领域的第一起案例。深圳市中级人民法院和广东省高级高级人民法院作出的一审和二审判决，均认定被告的行为构成侵权且需赔偿原告损失。

在该案中，虽然被诉侵权产品和涉案专利实施例的技术方案存在区别，但是法院认为“判断被诉侵权产品是否落入涉案专利保护范围时，仍要以权利要求书记载的内容为准，不能用实施例的技术特征限定权利要求的技术特征”。一审和二审法院将被诉侵权产品与涉案专利所保护的技术特征一一比对之后，认为：涉案专利技术特征并未要求滚轮装置必须安装在充电柜上，涉案专利产品即使安装在公共通道上，依然落入保护范围；涉案专利并未限制主控 PCB 的数量，“被诉侵权产品用通道 PCB 和安卓板共同完成主控 PCB 的功能，依然与涉案专利主控 PCB 的技术特征相同”。同时被告的行为属于《专利法》第 11 条规定的侵权行为，[3] 构成专利侵权。

---

[1] 深圳来电科技有限公司与深圳市云充吧科技有限公司侵害实用新型专利权纠纷案，参见广东省深圳市中级人民法院（2016）粤 03 民初 1417 号民事判决书、广东省高级人民法院（2017）粤民终 1136 号民事判决书。

[2] 深圳来电科技有限公司与深圳市云充吧科技有限公司侵害实用新型专利权纠纷案，参见广东省深圳市中级人民法院（2016）粤 03 民初 1418 号民事判决书、广东省高级人民法院（2017）粤民终 1137 号民事判决书。

[3] 对于被告将充电宝产品放置在购物中心租赁给用户使用的行为是否属于《专利法》第 11 条规定的销售和许诺销售行为，二审法院认为：在没有相反证据的情况下，设置在商场供用户使用的充电宝要由购物中心的经营者从被告处购买取得，构成“销售”行为；被告放置产品供公众租赁的行为本身是一种作广告的方式，且并未明示只供租赁而不出售，可以认定构成“许诺销售”。

该案之后，共享充电宝领域发生多起专利诉讼，除了制止专利侵权行为本身之外，有媒体认为权利人的目的在于通过诉讼吸引媒体报道，通过这种商业营销获得更多的融资。据某数据统计显示，截至2017年10月，共享充电宝领域的知识产权诉讼已发生了45起，[1] 同时在2017年初的两个月，获得11笔融资，行业内融资总额高达12亿元，是2015年共享单车融资效率的5倍。[2]

（三）共享单车企业上市时遭遇的专利侵权案件

涉案专利权人（原告）认为共享单车企业（被告）侵犯其“无固定取还点的自行车租赁运营系统及其方法”专利，遂于2017年4月将其分别诉至苏州市中级人民法院[3]、南京市中级人民法院[4]，要求行为人立即停止侵权行为并支付维权费用，最终在苏州审理的案件经法院审理后被驳回。随后原告同年6月又基于在北京亦发现侵权行为的事由诉至北京知识产权法院。[5]

原告提起诉讼的时点（2017年4月），恰逢被告刚刚通过中国证券监督管理委员会（以下简称“证监会”）审核并获得IPO上市发行批文。2017年4月28日，原告又向中纪委实名举报中国证监会发行部，要求暂缓或暂停被告首次公开发行股票。5月5日，原告一系列行为造成被告宣布暂缓IPO发行。[6]

被告通过媒体表示：原告的一系列行为都旨在阻止其公司上市，远远超出了正常维权的范围。具体而言：①原告在其上市的关键时点利用诉讼在苏州起诉后又撤诉，又在南京等地重复起诉；派人到保荐机构、律师机构、证监会等单位投诉、举报；利用媒体大肆宣传报道；②被告

---

[1] 共享充电宝官司不断 专利维权成“营销战”？［EB/OL］.［2018-07-25］. http：//www.sohu.com/a/198421315_485586.

[2] 共享充电宝：一面受到资本追捧，一面专利诉讼缠身［N/OL］.［2018-07-25］. http：//ip.people.com.cn/n1/2017/0803/c179663-29446863.html.

[3] 顾泰来与常州永安公共自行车系统股份有限公司侵害发明专利权纠纷案，参见江苏省苏州市中级人民法院（2017）苏05民初271号民事判决书。

[4] 江苏省南京市中级人民法院受理案号：（2017）苏01民初937号。

[5] 顾泰来与常州永安公共自行车系统股份有限公司侵害发明专利权纠纷案，参见北京知识产权法院（2017）京73民初560号民事裁定书。

[6] 永安行专利案陷泥沼：原告败诉不服再提诉［EB/OL］.［2018-07-25］. http：//tech.sina.com.cn/i/2017-06-27/doc-ifyhmtcf2969052.shtml.

公司运营的共享单车规模远远小于同行业国内其他公司，原告对更严重的侵权行为视而不见，却单独起诉被告；③原告向法院提交的诉状及相关证据材料不充分，根本没有提供侵权的任何实质证据和比对。

原告通过媒体中的回应中并不否认利用专利诉讼阻止被告公司上市的目的，并表示希望彰显知识产权保护在共享单车行业发展的重要性，同时解释考虑到上市后再诉讼的话会伤害股民的利益，所以选择在被告上市前提起诉讼。

原告向苏州市中级人民法院提起诉讼后不久，曾基于减少侵权损害赔偿额的理由提出撤诉，苏州市中级人民法院作出不予撤诉的裁定，随后开庭审理时原告并未出庭参加审理，2017 年 6 月 6 日法院作出缺席判决：判定被告行为并不侵权，驳回原告所有诉讼请求。

被告在专利诉讼获胜，再加上涉案专利可能影响的无桩共享单车收入只占被告收入的 0.05%，2017 年 8 月 17 日，因专利诉讼被拖延 3 个月的被告公司股票终于在上海证券交易所 A 股顺利上市。同年 10 月 24 日，原告以和被告达成和解协议为由向北京知识产权法院提出的撤诉请求获得准许。❶

（四）其他共享经济领域的知识产权侵权案件

除了专利侵权之外，国内共享单车企业也遭遇过商标侵权案件。“小黄车”注册商标权利人（原告）认为共享单车企业（被告）未经许可使用其注册商标，遂向北京市海淀区人民法院提起诉讼，要求被告停止侵权、消除影响并赔偿经济损失。被告辩称二者不相同不近似，且认为原告存在恶意抢注商标行为，理由是：原告 2015 年 7 月 29 日申请注册“小黄车”之前，被告已经在市场上推出黄色自行车，媒体也进行了大量的宣传报道，且均以“小黄车”称呼被告的共享单车，原告注册时应该了解该情况，再加上原告在注册商标之后并没有实质上的商标使用行为，种种行为显示原告存在极高的恶意抢注嫌疑。该案最终在法院的主持下双方以调解方式结案。❷

---

❶ 张维．共享单车专利纠纷三地燃战火：永安行称顾泰来维权超常理应诉到底［EB/OL］．［2018-07-25］．https：//www.chinacourt.org/article/detail/2017/07/id/2908397.shtml.

❷ 王巍：“小黄车”诉“ofo 小黄车”商标侵权［EB/OL］．［2018-07-25］．http：//www.xinhuanet.com/finance/2017-11/09/c_1121926580.htm.

（五）小结

上述案例显示，我国共享经济在司法领域的知识产权纠纷主要集中在专利领域，并呈现如下两个特点。

第一，禁止他人使用或收取许可费用似乎不是大部分知识产权权利人行使权利的最终目的，专利权人以行使专利权为手段，却是为了达到其他更重要的商业目的。除了第一类摩拜单车解锁案件之外，第二类共享充电宝系列案件的当事人存在通过诉讼进行商业营销从而获取更多融资的嫌疑，第三类在上市时点提起的专利诉讼的权利人存在意图通过专利诉讼阻碍他人上市的嫌疑，第四类商标权人存在为了获得高额商标转让或许可费用从而恶意抢注商标的嫌疑。

第二，目前发生的诉讼主要集中在技术门槛不高的应用技术领域，并没有涉及“共享经济”的商业模式保护问题。诉讼案件中争议专利和商标只是恰好发生在了共享经济领域，并不是“共享经济”领域特有的问题。中央政策性文件、实务界以及学界关注到的“共享经济”商业模式保护问题，在实践中并没有出现有争议的案件。下文将重点讨论“共享经济”商业模式保护存在的争议问题。

二、我国共享经济保护模式的争论

尽管在我国知识产权诉讼中没有出现关于保护共享经济商业模式的司法案例，但是各界存在要求以商业模式的方法保护共享经济产业发展的声音。

（一）对共享经济的商业模式本身提供保护的动议

鉴于共享经济结合互联网产业在我国取得一系列成果，中央诸多宏观政策文件均提出要研究如何对包括共享经济模式在内的商业模式进行保护。譬如2015年3月23日公布的《中共中央　国务院关于深化体制机制改革加快实施创新驱动发展战略的若干意见》[1]中提出要“研究商业模

[1] 中发〔2015〕8号。除此之外，提出对商业模式的保护方法进行研究和完善的政策性文件还有《国务院关于新形势下加快知识产权强国建设的若干意见》（国发〔2015〕71号）（第三部分第十一项举措）、《国务院关于大力推进大众创业万众创新若干政策措施的意见》（国发〔2015〕32号）（第三部分第三项举措）、《关于深化人才发展体制机制改革的意见》（中发〔2016〕9号）（第六部分第二十项举措）等。

式等新形态创新成果的知识产权保护办法”。

在中央诸多政策性文件的影响下，国家知识产权局（SIPO）于 2016 年成立新业态商业模式创新成果知识产权保护研究课题组，研究制定商业模式保护方法的审查规则；最高人民法院知识产权司法保护研究中心 2016 年也设立“商业模式创新成果的司法保护问题研究”课题，意图研究商业模式保护的司法判定规则，两家机构的课题组目前都仍处在内部研究阶段，尚未对外公布研究成果。❶

部分学术界的专家认为“创新的商业模式诞生后，往往会有大批企业跟风甚至抄袭，创新者享受的利益无法与其投入的时间、精力以及金钱相匹配。若无法获得合理保护，将会极大地影响创新积极性”，主张通过商业模式保护共享经济，提出“由互联网经济掀起的共享经济热潮中，一个好的商业模式一旦给予知识产权保护的话，就可能是价值连城”的观点。❷

（二）现阶段商业模式保护的法律规定及实务运用

1. 商业模式的专利保护规定

虽然通过著作权、商标、商业秘密、反不正当竞争法等法律可以从不同侧面对商业模式提供一定程度的保护，但由于并不保护商业模式本身，保护力度和范围都非常局限。❸ 对商业模式最有效的保护方式仍然通过专利予以保护。

根据我国《专利法》第 25 条的规定，纯粹的商业模式属于“智力活动的规则与方法”，不能被授予专利。2017 年修改前的《专利审查指南 2010》中规定，商业实施等方面的管理方法及制度作为智力活动的规则和方法，属于不授予专利权的客体，并明确“组织、生产、商业实施和经济等方面的管理方法及制度”“统计、会计和记账的方法”等纯粹的商业模式不应当被授予专利权。

---

❶ 中国社会科学院管育鹰研究员在 2018 年 6 月 23 日中日知识产权（深圳）高峰论坛上以《商业模式创新的专利保护问题》为题目的主题发言中介绍到国家知识产权局和最高人民法院就商业模式保护问题所成立的研究课题组。

❷ 参见王羽《“摩拜”被诉专利侵权案宣判法院认定其不构成侵权》一文中对暨南大学知识产权学院温旭教授的采访内容，载《上海企业》2017 年第 10 期。

❸ 黄晓稣. 商业模式的知识产权保护制度初探 [EB/OL]. [2018-08-03]. http://www.sipo.gov.cn/gwyzscqzlssgzbjlxkybgs/zlyj_zlbgs/1062651.htm.

在我国，商业模式若想获得专利保护，往往需要与计算机和网络技术相结合。商业方法专利大多是通过计算机系统实现的，而又往往以软件的形式表现出来，因而与计算机软件专利存在着紧密的关联。[1] 由于强调技术性要求，在我国获得商业方法专利是相对困难的。[2]

2. 商业模式专利保护实务中的权利有效性问题

即便将商业模式和技术结合后获得了专利授权，也存在着被无效的风险。媒体对花旗银行在我国申请商业方法专利的报道曾经一度引起银行业的极大关注，[3] 最终 2009 年 5 月美国花旗银行“电子货币系统”专利被专利复审委员会基于欠缺新颖性的理由宣告无效。[4] 日本电通公司针对支付宝公司提起专利诉讼中的涉案发明专利“管理交易和清算的方法，通知关于消费动向的信息的方法”，因为涉及对互联网第三方支付操作模式的保护，也引起了业内的极大关注，2014 年基于“不具备突出的实质性特点和显著的进步”等理由被复审委员会宣告无效。[5]

另一起发生在金融领域的案件曾经创下北京知识产权法院判定损害赔偿额的最高纪录，[6] 但后因涉案专利被部分宣告无效，该判决被二审法院裁定撤销。[7] 该案中，原告和被告都是生产应用于金融领域智能密码钥匙产品（即 USBKey）的企业，原告认为，由被告制造并向全国几十家银行销售的多款 USBKey 产品以及被告使用该侵权产品进行网上银行转账交易时使用的物理认证方法均落入了涉案专利的保护范围，构成侵权。2015 年 2 月原告向法院起诉，请求法院判令被告停止侵害并赔偿损失。[8]

---

[1] 陈剑聪．何为商业方法专利？它的分类又在哪里？［EB/OL］．［2018-08-03］．https：//zhuanlan. zhihu. com/p/27616331.

[2] 张玉敏，谢渊．美国商业方法专利审查的去标准化及对我国的启示［J］．知识产权，2014（6）.

[3] 余翔，邱洪华．中国银行业商业方法创新的专利保护［J］．金融论坛，2007（12）.

[4] 李晓秋．商业方法专利折戟重来：我国第三方支付平台的选择与对策［J］．知识产权，2011（7）.

[5] 2014 年度知识产权领域（专利）重大案件［EB/OL］．［2018-08-03］．http：//www. ipraction. gov. cn/article/xxgk/dxal/zl/201505/20150500051382. shtml.

[6] 北京握奇数据系统有限公司诉恒宝股份有限公司侵犯发明专利权纠纷案，参见北京知识产权法院（2015）京知民初字第 441 号民事判决书。

[7] 北京市高级人民法院民事裁定书（2017）京民终 399 号。

[8] 石月炜．恒宝公司侵犯 USBKey 发明专利权，北京知产法院判令赔偿 5000 万元［EB/OL］．［2018-08-03］．https：//www. chinacourt. org/article/detail/2016/12/id/2367258. shtml.

一审法院北京知识产权法院经审理后判定：被告制造、销售的涉案USBKey产品的行为落入了涉案专利权利要求16的保护范围；被告使用该侵权产品进行网上银行转账交易时使用的物理认证方法落入了涉案专利权利要求1的保护范围，被告的上述行为构成对原告专利权的侵犯。对于损害赔偿数额的问题，合议庭提交审判委员讨论决定，北京知识产权法院审判委员会经研究后决定以被诉侵权产品的实际销售数量乘以每件专利产品合理利润的方法计算侵权损害赔偿数额，最终判决令被告停止侵权行为之外，还需赔偿原告经济损失4900万元，以及因诉讼支出的合理费用100万元。

被告不服一审判决，于2016年12月向北京市高级人民法院提起上诉。2017年11月，国家知识产权局专利复审委员会宣告涉案专利的权利要求部分无效，尤其是原告在专利侵权诉讼中据以提起该案诉讼的涉案专利权利要求1和权利要求16被宣告无效。[1] 专利复审委员会认为：现有技术的证据“破坏了”涉案专利权利要求的创造性，现有技术证据的方案中存在已提前设置完成的数字签名第一操作命令与物理认证按键之间的一对一的对应关系，涉案专利的权利要求1因此被认定无效。[2] 被告（一审被告、二审上诉人）据此向二审法院提交撤销一审判决的申请，[3] 最终二审法院北京市高级人民法院裁定撤销北京知识产权法院的一审判决，并驳回原告的起诉。

由上可见，商业模式即便结合技术获得专利授权，但在专利无效程序中，其有效性也往往很难通过“新颖性”和“创造性”的考察。

3. 商业模式专利保护的近期动向

鉴于“互联网技术的发展，涉及金融、保险、证券、租赁、拍卖、投资、营销、广告、经营管理等领域的商业模式创新不断涌现，这些新商业模式市场运行效果好、用户体验佳，提升了资源配置和流动效率，节约了社会成本，增进了社会福利”，立法机构认为“应当对此类商业模

[1] 2017年度复审无效十大案件之案件七：一种物理认证方法及一种电子装置［EB/OL］.［2018-08-03］. http：//www. sipo. gov. cn/ztzl/ndfswxsdaj/fswx2017/1123561. htm.

[2] 刘斌. 评析“一种物理认证方法及一种电子装置”发明专利无效案：权利要求保护范围的理解对创造性判断的影响［J］. 中国知识产权报，2018-06-22（11）.

[3] 北京市高级人民法院《专利侵权判定指南（2017）》第10条第1款前半段：“当事人不服一审判决向二审法院提起上诉，在终审判决作出前，一审判决所依据的权利要求被专利复审委员会宣告无效的，一般应当撤销一审判决，裁定驳回权利人基于该被宣告无效的权利要求的起诉。”

式创新中的技术方案给予积极鼓励和恰当保护，不能仅仅因为技术方案包含商业规则和方法就不授予专利权”。[1] 为此，国家知识产权局于2017年4月新修改实施的《专利审查指南2010》第二部分第一章第4.2节中规定：“涉及商业模式的权利要求，如果既包含商业规则和方法的内容，又包含技术特征，则不应当依据《专利法》第二十五条排除其获得专利权的可能性”。[2] 也就是说，纯粹的商业模式或商业方法不能获得保护，但技术方案同时也达到了获得专利保护的水准的话，可以获得商业方法专利。

《专利审查指南2010》中对商业模式规定的修改，究竟仅仅是对长期以来商业模式审查现状的确认，还是预示着接下来会对商业模式的实质授权标准有所突破，仍有待进一步观察。

（三）共享经济商业模式保护的必要性探讨

1. 商业模式保护趋势

受美国2014年联邦最高法院Alice案件[3]的影响，美国、日本、韩国等国申请数量有所暂缓甚至有下降趋势，但由于来自中国的申请量大幅增长，整体而言近些年世界各国有关商业模式保护的发明申请数量呈增加趋势。相关申请往往集中在服务业、互联网、医疗保健、金融等领域。[4]

在第四次工业革命的背景下，是否应该响应部分学者的呼吁，对商业方法专利持更加开放的态度，建立新的审查授权标准？[5] 鉴于商业方法专利的授权标准和后来者的经营自由度休戚相关，将对物联网、人工智能等新技术领域的竞争环境产生重要影响，需要在充分研究和分析的基础上慎重作出决定。

---

[1] 《专利审查指南修改草案（征求意见稿）》解读［EB/OL］.［2018-08-03］. http://www.sipo.gov.cn/zscqgz/1100710.htm.

[2] 国家知识产权局关于修改《专利审查指南》的决定（国家知识产权局局令第74号）［EB/OL］.［2018-08-03］. http://www.sipo.gov.cn/zcfg/zcfgflfg/flfgzl/zlbmgz/1020135.htm.

[3] Alice Corp. Pty. Ltd. v. CLS Bank Int'l, 110 U.S.P.Q.2D (BNA) 1976 (2014).

[4] ビジネス関連発明の最近の動向について［EB/OL］.［2018-08-03］. https://www.jpo.go.jp/seido/bijinesu/biz_pat.htm#anchor3.

[5] 张玉敏，谢渊. 美国商业方法专利审查的去标准化及对我国的启示［J］. 知识产权，2014（6）.

2. 共享经济的商业模式是否应获得保护

至于共享经济领域（如共享单车领域）“不计成本竞相投入生产和无序投放”的“大资本排挤小资本”行为，❶ 是否应允许共享经济模式的创造者通过商业方法专利的方式获得保护？如前文所述，目前我国有关共享经济的知识产权诉讼中并没有涉及共享经济模式的商业方法保护问题。对于今后是否应该在专利制度中设计一套保护共享经济商业模式本身的制度，从而对纯粹的商业模式给与保护的问题，其实难以通过严密科学的方法验证社会效率或福祉是否有所改善。本文试从以下角度进行分析。

（1）共享经济产业发展状况。即便商业模式创造者在竞争中受到压制，并不意味着共享经济行业的创新和发展也会受到影响。依据国家信息中心分享经济研究中心发布《中国分享经济发展报告 2017》❷，2016 年我国分享经济市场交易额约为 34520 亿元，比上年增长 103%；分享经济融资规模约 1710 亿元，同比增长 130%；参与分享经济活动的人数超过 6 亿人，比上年增加 1 亿人左右。该报告预计未来几年分享经济仍将保持年均 40%左右的高速增长，到 2020 年分享经济交易规模占 GDP 比重将达到 10%以上，到 2025 年占比将攀升到 20%左右。

共享经济产业快速发展的数据虽不能直接证明创新未受到影响，但也许可以从一个侧面反映相关产业发展没有因“过度投放、过度竞争”而受到太过严重的影响。

（2）率先实施共享经济商业模式者的经营状况。以共享单车领域为例，尽管存在诸多竞争对手“不计成本”的竞争行为，率先实施共享单车模式的摩拜和 ofo，在活跃用户覆盖率、App 行业独占用户率、App 新增活跃用户等指标上仍然占据该领域的绝对优势。❸ 可见，在共享单车领域率先实施新共享经济模式的企业虽然受到了竞争对手的冲击，但先进入市场的“市场先行利益”还是令其在融资和占领市场方面获得了绝对优势，从企业目前市场份额来看，没有受到太大影响。

---

❶ 王姝. 吴晓灵：不计成本的无序竞争非共享经济本意［EB/OL］.［2018-08-03］. https：//www.sohu.com/a/168710031_734123.

❷ 国家信息中心分享经济研究中心，中国互联网协会分享经济工作委员会. 中国分享经济发展报告 2017［EB/OL］.［2018-08-03］. http：//www.sic.gov.cn/News/568/7737.htm.

❸ 2018 年 2 月共享单车数据分析（附全文）［EB/OL］.［2018-08-18］. http：//www.askci.com/news/chanye/20180421/155245121917.shtml.

综上，在共享经济领域商业模式没有获得保护的情况下，无论是共享经济整体产业，还是率先实施共享经济商业模式的企业，都获得了良好发展，并没有遭受非常严重的打击。这些数据也许能从一个侧面表明：至少在共享经济领域，商业模式的专利保护问题并没有那么迫切。当然，近期内是否应该给于商业模式一定程度的专利保护，还需要全面考虑互联网、金融等其他领域的保护必要性，需要进一步充分调研和论证。

三、结　论

本文旨在介绍我国共享经济领域的知识产权争议问题，主要分为两部分：第一部分梳理和共享经济相关的知识产权诉讼案件并总结特点。指出共享经济在我国的知识产权诉讼主要集中在共享单车解锁技术、共享充电宝充电装置等专利领域，偶有涉及商标领域。对一系列诉讼案件进行梳理和分析后发现：共享经济的知识产权诉讼主要集中在技术门槛相对不高的应用技术领域；权利人行使专利权目的各不相同，有获取融资、阻碍公司上市、抢注商标等嫌疑；“共享经济”领域特有的知识产权问题如共享经济商业模式保护等问题并没有在诉讼中发生。

第二部分讨论是否应该对共享经济商业模式提供专利法上的保护。针对国内为共享经济商业模式提供知识产权保护的呼声，梳理了现阶段国内“商业模式＋技术”获得专利保护的条件，指出由于我国对技术性的强调，在我国获得商业方法专利是相对困难的，而且实务中的一系列案例也显示，即便“商业模式＋技术”获得了专利授权，在专利无效程序中，其有效性也往往很难通过“新颖性”和“创造性”的考察。

至于是否应该对纯粹的共享经济商业模式提供专利保护的问题，考虑到无论是产业整体还是率先实施共享经济模式的企业都获得了良好的发展，也许能从一个侧面说明至少在共享经济领域商业模式的专利保护问题并没有那么的迫切。但鉴于近些年全世界范围内商业模式申请在互联网、医疗保健、金融等领域的快速增长，决定是否提供专利保护可能会对相关产业的国家竞争力造成影响，还需要进一步调研和论证。